大眾心理館

鄭石岩作品集

親職與教育 7

國家圖書館出版品預行編目資料

覺・教導的智慧：清楚的覺察，成功的教導／
鄭石岩著. --四版. --臺北市：遠流, 2010.11
面；　公分. --（大眾心理館）（鄭石岩作品集）（親職與教育；7）

ISBN 978-957-32-6721-8（平裝）

1.教育心理學　2.禪宗

521　　99019551

大眾心理館
鄭石岩作品集　親職與教育 7

覺・教導的智慧
清楚的覺察，成功的教導

作者——鄭石岩
執行主編——林淑慎
特約編輯——趙曼如
美術設計——唐壽南
發行人——王榮文
出版發行——遠流出版事業股份有限公司
100臺北市南昌路二段81號6樓
郵撥／0189456-1
電話／2392-6899　傳真／2392-6658
法律顧問——董安丹律師
著作權顧問——蕭雄淋律師
□2010年11月1日　四版一刷
行政院新聞局局版臺業字第1295號
售價新台幣240元（缺頁或破損的書，請寄回更換）

ISBN 978-957-32-6721-8

YLib 遠流博識網
http://www.ylib.com　E-mail: ylib@ylib.com

覺·教導的智慧

清楚的覺察，成功的教導

鄭石岩／著

總序

我的創作歷程

鄭石岩

寫作是我生涯中的一個枝椏，隨緣長出的根芽，卻開出許多花朵，結成一串累累的果子。

我寫作的著眼點，是想透過理論與實務的結合，闡釋現代人生活適應之道，提倡正確的教育觀念和方法，幫助每個人心智成長。透過東西文化的融合，尋找美好人生的線索。我細心的觀察、體驗和研究，繼而流露於筆端，寫出這些作品。書中有隨緣觀察的心得，有實務經驗的發現，有理論的引用，也有對現實生活的回應。在忙碌的工作和生活中，我採取細水長流，每天做一點，積少成多。

從第一本作品出版到現在，已經寫了四十幾本書。這些書都與禪佛學、教育、親職、心靈、諮商與輔導有關。寫作題材從艱深的禪學、唯識及心靈課題，到日常生活的調適和心智成長，都保持深入淺出、人人能懂的風格。艱澀冗長的理論不易被理解，特化作活潑實用的知識，使讀者在閱讀時，容易共鳴、領會、受用。因此，這些書都有不錯的評價和讀者的喜愛。

每當演講或學術討論會後，或在機場、車站等公共場所時，總是有讀者朋友向我招呼，表達受惠於這些著作。他們告訴我「你的書陪伴我度過人生最困難的歲月」，或說「我是讀你的書長大茁壯的」。身為一個作者，最大的感和安慰，就在這些真誠的回應上：歡喜看到這些書在國內外及中國大陸，對現代人心靈生活的提升，發揮了影響力。

多年來持續寫作的心願，是為研究、發現及傳遞現代人生活與工作適應的知識和智慧。所以當遠流規劃在【大眾心理館】裡開闢【鄭石岩作品集】，期望能更有效服務讀者的需要，並囑我寫序時，心中真有無比的喜悅。

我在三十九歲之前，從來沒有想過要筆耕寫作。除了學術論文發表之外，沒想過要從事創作。一九八三年的一場登山意外，不慎跌落山谷，脊椎嚴重受創，下半身麻痺，面臨殘障不良於行的危機。那時病假治傷，不能上班，不多久，情緒掉到谷底，憂鬱沮喪化作滿面愁容。

秀真一直非常耐心地陪伴我，聽我傾訴憂慮和不安。有一天傍晚，她以佛門同修的立場警惕我說：「先生！你學的是心理諮商，從小就修持佛法；你懂得如何助人，也常常在各地演講。現在自己碰到難題，卻用不出來。看來你能講給別人聽，自己卻不受用。」

我聽完她的警語，心中有些慚愧，也有些省悟。我默然沉思良久。我知道必須接納現實，去面對眼前的困境。當晚九時許，我對秀真說：「我已了然於心，即使未來不良於行，也要坐在輪椅上，繼續我的教育和弘化工作，活得開心，活得有意義才行。」

她好奇的問道：「那就太好了！你準備怎麼做呢？」

我堅定的回答：「我決心寫作，就從現在開始。請你為我取下參閱的書籍，準備需要的紙筆，以及一塊家裡現成的棋盤作墊板。」

當天短短的對話，卻從無助絕望的困境，看到新的意義和希望。我期許自己，把東方的禪佛學和西方的心理學結合起來，變成生活的智慧；鼓勵自己，把學過的理論和累積的實務經驗融合在一起，成為活潑實用的生活新知，分享給廣大的讀者。

邊研究邊寫作，邊修持邊療傷，健康慢慢有了轉機，能回復上班工作。歷經兩年的煎熬，傷勢大部分康復，寫作卻成為業餘的愛好。從一九八五年出版第一本書開始，所有著作都經秀真校對，並給予許多建議和指教。有她的支持，一起分享作品的內容，而使寫作變得更有趣。

住院治療期間，老友王榮文先生，遠流出版公司的董事長，到醫院探視。我送給他一本佛學的演講稿，本意是希望他也能學佛，沒想到過了幾天，他卻到醫院告訴我：「我要出版這本書。」

我驚訝地說：「那是佛學講義，你把講義當書來出，屆時賣不出去，你會虧本的。這樣我心不安，不行的。」

他說：「那麼就請你把它寫成大家喜歡讀的書，反正我要出版。」

就這樣允諾稿約，經過修改增補，《清心與自在》於焉出版，而且很快暢銷起來。因為那是第一本融合佛學與心理學的創作，受到好評殊多。爾後的每一本書，都針對一個現實的主題，紮根在心理、佛學和教育的學術領域，活化應用於現實生活。

禪佛學自一九八五年開始，在學術界和企業界，逐漸蔚成風氣，形成管理心理學的一部分，企業界更提倡禪式管理、禪的個人修持，都與這一系列的書籍出版有關。

後來我將關注焦點轉移到教育和親職，相關作品提醒為師為親者應注意到心理健康、學生輔導、情緒教育等，對教育界也產生廣泛的影響。教師的愛被視為是一種能力，親職技巧受到更多重視，我的書符合了大家的需要，並受到肯定，例如《覺・教導的智慧》一書就獲頒行政院新聞局金鼎獎。

在實務工作中，我發現心靈成長和勵志的知識，對每一個人都非常重要。於是我著手寫了好幾本這方面的作品，許多家長把這些書帶進家庭，促進親子間的和諧，並幫助年輕人心智成長；許多大學生和初踏進社會的新鮮人，都是這些書的讀者。許多民間團體和讀書會，也推薦閱讀這些作品。

唯識學是佛學中的心理學，我發現它是華人社會中很好的諮商心理學。不過原典艱澀難懂，於是我著手整理和解釋，融會心理學的知識，變成一套唯識心理學系列。此外，禪與諮商輔導亦有密切的關係，我把它整理為禪式諮商，兼具理論基礎和實用價值，對於現代人的憂鬱、焦慮和暴力，有良好的對治效果。目前禪與唯識，在心理諮商與輔導的應用面，不只台灣和大陸在蓬勃發展，全世界華人社會也用得普遍。每年我要在國內外，作許多場次的研習和演講，正是這個趨勢的寫照。

二十年來我在寫作上的靈感和素材源源不絕，是因為關心現代人生活的適應問題和心理健康。我從事心理諮商的研究和實務工作超過三十年，個案從兒童青少年到青壯年及老年都有；類別包括心理調適、生涯、婚姻諮商等，我也參與臨終諮商及安寧病房的推工作。對於人類心靈生活的興趣，源自個人的關心；當我晤談的個案越多，對心理和心靈的調適，領會也越深。

我的生涯歷練相當豐富。年少時家境窮困，為了謀生而打工務農，當過建築工、水果販、小批發商、大批發商。經濟能力稍好，才有機會念大學。後來我當過中學老師，在大學任教多年，擔任過簡任公務員，也負責主管全國各級學校訓輔工作多年，實務上有許多的磨練。

我很感恩母親，從小鼓勵我上進，教我去做生意營生。她在我七歲時，就帶我入佛門學佛，讓我有機會接觸佛法，接近諸山長老和高僧，打下良好的佛學根柢。我也很感恩許多長輩，給我機會參與國家科技推工作長達十餘年，從而了解社會、經濟、文化和心理特質，是個人心靈生活的關鍵因素。如果我觀察個案的眼光稍稍開闊一些，助人的技巧稍微靈活一點，都是因為這些歷練所賜。在寫作時，每一本書的視野，也變得寬博和活潑實用。

現在我已過耳順之年，但還是對於二十餘年前受重傷所發的心願，珍惜和努力不已。希望在有生之年，還有更多精神力從事這方面的研究和寫作。寫作、助人及以書度人，是我生命意義中很重要的一部分，我會法喜充滿地繼續工作下去。

覺・教導的智慧

目錄

新版序

教育的新思維和真行動

透過覺悟和洗鍊，有能力的愛才會出現在教導的活動裡。

教育工作者，無論是從事教學或行政工作，每天都應提醒自己：教育的本質在於心智的啟發和成長，要時時檢討教導方法的適切性，天天關心愛心與行動的妥當性。同時要反省，自己是否用有能力的愛，去耕耘教育的園地。教育工作不外乎思與行，而兩者都建立在清醒與覺察上。本書討論的正是清楚的覺察、思維和行動的技巧。

我們在教育的思考和行動上，須同時把握融合與創造兩個向度。要把過去的文化菁華和現代新知融合在一起，蘊蓄構築教導的大河，有效地教化下一代，才不會在進化的篇章中，斷章取義，造成認知和視野的偏頗。教育必須汲取文化中的養料，融入新知，才能創造實用多元的教化效果。

禪學是一門心靈覺悟的智慧。所以，我透過實際體驗、思考和新的研究結果，活潑地加以應用，融入心理學和教育學的新發現，構築成《覺．教導的智慧》，對教育的本質、教導的觀念和方法，作了深度的討論。

我一向認為，教育的目的是幫助個人心智成長，培養其品格，促成自我實現，去過成功的人生。一個自我實現的人，能接納自己，了解自己，實現其潛能，所以他是幸福和歡喜的生活者。他們的人格特質是：主動性好，情緒健康（身心健康），思考力強，生活調適良好，對人生懷抱著意義和希望。我一直相信，每個人都應該根據自己的本質和因緣，實現自己的人生路。因此，就學生而言，教育的本質就是透過學習與成長，接納和了解自己，從而實現潛能，貢獻社會，做一位有價值、有喜樂的人。

教育的本質既然是教導個人自我醒覺和自我實現，那麼教導者就必須有好的覺悟力，能清楚的察覺和判斷，才能對學生作正確的啟發。教育的制度、教學設施和教導方法，是在不斷的思索、改進和踏實行動中，保持最佳效能。於是，覺悟是教育的真理，是成長的力量，是教育品質的保證。

本書透過教育歷程的覺察和省思，踏實地討論教育的內涵和教導的實務。出版以來，受到廣大讀者的喜愛，殊感榮幸。值第四版修訂付梓之際，特以「教導的新思維和真行動」為序，摯忱與讀者共勉。

前言

辦好教育，教好學生

教育的目的在引導孩子發現自己的人生之路；喜歡生活，樂於工作，努力創造幸福的人生。

這本書是我結合禪學的智慧和心理學的知識，對教育所作系列探討的整理。主要的內容是從變遷的社會著眼，討論教育的新希望和教導的本質與技巧。我深信文明越進步，教導越需講究技巧；社會變遷越快，越需要人文智慧的陶冶。

教育的目的在於培養個人的自我醒覺，培育能實現自己的人生、具備適應環境能力的人。然而社會變遷迅速，干擾學生心智成長的因素殊多。教師或父母如果想用一己之見，要把孩子教好是有困難的。特別是台灣地區，政治民主化，經濟自由化，整個社會步入一個開放的情況，如果教導上缺乏正確的理念和有效的方法，教育是不容易成功的。

許多人都在責備教育的失敗，特別是在道德教育、民主素養和生命教育方面，受詬病尤多。近年來，社會呈現許多失調現象，比如說心理壓力沉重的人口增加，不快樂、不幸福的人極普遍，精神疾病和自殺人口也隨之增加。至於色情氾濫，貪婪奢靡以及暴力犯罪，亦足引以為憂。我們在生活教育及精神陶冶上，似乎真的出了問題。

我認為台灣的教育，一向都針對增強經濟發展而設計。多年來我們一直想擺脫貧窮，所以拚命的強調人力和經濟效益。結果財富和企業的理想，漸漸與人生的價值混淆起來。最後，我們失去傳統中優游自在的情趣，失去那分怡然自得的生活智慧。我們的教育就經濟成長而言是卓有成績的，但對於邁向永續經營而言，有待努力處猶多。因為我們忽略了人的素質；既缺乏人文的智慧，又缺乏民主的素養。最嚴重的是，我們的教育不是在培養一個獨立思考、頭腦清醒、具有人情味的現代人。

因此，當財富增加，社會變得更自由更開放時，我們發生了嚴重的不良適應。我們的新一代享受了好的物質生活，但是負責踏實的歷練不夠，所以眼高手低，整個社會流於浮誇不實；科技與工業的提升，乃至生活品質的提高，都成了問題。我們的教育不重視自我實現，缺乏引導孩子實現自己的潛能去過成功的人生，倒是把他們統統送往考試的煉爐上；弄得學業成績差的孩子由失敗而反叛或退縮，成績優秀的孩子思想體驗狹隘，除了知性的學識外，現實生活的歷練、情感的陶冶和心靈的啟發都很缺乏。

本書在於揭示一個新的理念：要幫助孩子走出自己的路。要透過現代社會的本質，加強人文智慧的陶冶，在教導上特別重視教導者與學生之間的互動空間，用以取代過去刻板的教導方式。同時對於生活教育方面著墨亦多。

民主自由的社會，價值觀念是紛歧的，教導子女的觀念差異亦大。教師除了要教導學生，還要協調溝通父母的意見，因此教師的負擔是沉重的，本書也特別就悅樂的教師生活加以闡述，希望能對辛勤教學的老師有所助益。

在理念上，這本書受到禪學的啟發甚多。我把禪學的精神融入教育之中，並用心理學加以闡釋，它既是有禪味的，又是現代化的。如果把這樣的教導觀念稱為禪式教學，又何嘗不可。

這本書於民國八十一年獲頒行政院新聞局金鼎獎，出版以來受到教育界和家長們的喜愛，大家對本書的肯定，令我十分高興。

這幾年來我們的教育環境有了很大的變化。目前積極推動教改，引發許多課程、教材和升學考試的爭論，以致教育上值得重視的實質問題，反受忽略。今日教育該特別留意的問題包括：

- 發展多元智慧的教學，啟發每個孩子的天賦，引導他們走出自己的人生路。
- 重視現實生活的體驗和生涯的陶冶，避免長時間滯留在網路、電視和漫畫中，產生虛擬人格特質，影響生活適應能力。
- 重視情緒教育，培養樂觀態度，避免孩子產生憂鬱、挫折容忍力差的現象。
- 提高教學品質，預防中輟和青少年犯罪。
- 重視生命教育、兩性教育及人文陶冶等相關議題的啟發和教學。
- 加強學校教育氣氛與朝氣的再造，並促進親師合作辦好教育。

以上這些課題，書中的論述仍能提供歷久彌新的觀念。如果在推動教改之際，還只是討論著升學管道，滯留在升學競爭的巢臼之中，那麼教育改革就失去它的意義與價值。

我希望本書為大家帶來務實的觀念，辦好教育，教好學生。

1 教育的新希望

禪家說「請不要壓良為賤啊！」意思是說，每個人本來是高貴的，卻因為比較而墮落；生活本來是順遂自然的，卻因為彼此的競爭和挑剔，而使自己煩惱不安。教育如果不從醒覺著手，引導一個人實現他的人生，那麼教育的使命就令人懷疑了。

人可以展現自己的才華，拓展自己的志業，但並不是要打敗別人，或立志高人一等。人當然要努力去做個有用的人，能服務社會，過有意義的人生，但不是要揚名聲、顯威勢。

禪的人生教育就是這樣踏實的自我醒覺與實現：每個人都要接納自己，根據自己的根性因緣過悅樂的人生，看出自己生命的希望。

從禪學的觀點來看，教育的本質無非在於啟發學生自我醒覺。人一旦能自我醒覺，就能自愛，自動自發；能展現他的人生，喜歡自己，肯定自己。人的醒覺能力一經引發，就能看清事理，了解事物的真相；能不斷從舊經驗中前瞻新知，用清新的眼光去看周遭的事物，令自己日新又新，心智不斷的增長，走出自己的路。這就是人類心智成長的希望，也是教育的希望。

教育的使命在於引導學生了解自己、接納自己、實現自己。這樣才會有腳踏實地的人生。禪家深信，每個人的根性因緣都不相同，如果不能依照自己的「本來面目」去生活，就無異否定自己，而導致生活的潰敗及精神上的困擾與煩惱。

心理學的研究指出，許多精神症狀是由於自我適應上的矛盾，其共同特徵是「我要，但我不能」的心結，由諮商輔導經驗中，我驚訝為什麼會有偌多的人，被這個矛盾的心結所困。他們的內心不停的對話著：「我要拚給你們看看！我要證明給你們看我不差！」隨後，他看看自己，則對自己回話說：「我沒有那些條件，我實際上辦不到！」就在這「要」與「辦不到」之間，產生失望的情緒，沒有價值的感覺和莫名的不安、自卑和壓力。最後，他開始逃避和防衛，終致產生精神症狀和困擾，他的自我功能也就漸漸受損，人生隨而面臨挫敗。

禪的教導是要每個人依自己的根性因緣展現其人生，不要暗示學生拿自己跟別人比較。這才能真正披露其能力。其實，一個多元化的社會最需要的就是各種不同能力人的結合。因此，教育的理則應該是各自展現所能，接納自己，肯定自己。老師和父母實在不宜對學業成績不如人的孩子批評或失望，或過分的指責。相反的，要協助他們去了解自己，幫助他展現自己的人生，走出自己的路來。

自我醒覺與實現不是用解說或認知教得來的。由於它是一種實踐的智慧，而不是一種知性的思考，所以在教導上必須特別重視生活的體驗；在日常生活中直接學習。因此，禪家特別強調「看腳下」的實踐力行功夫。

今天我們的社會顯得紊亂脫序，許多人以為其主因在於缺乏道德觀念。我認為那是不正確的。我們的教育，從國民小學的生活與倫理，到國中、高中的道德與公民教學，觀念的灌輸不可謂不多。我認為，我們的國民不是缺乏道德觀念，而是缺乏生活上的實踐智慧：一種行為的智慧和能力。

人生應該是豐富、悅樂、多采多姿的，但多數的人卻覺得孤獨、寂寞和苦澀。禪家告訴我們，如果你把目光放在貪婪和野心上，那麼生活就會變成物慾的手段，你就會變得孤獨苦澀。如果把目光放在自己人生的實現上，即刻覺得活得美妙有趣。

就整個人生的展現而言，徒有知性的觀念和知識是不夠的。因此，教育必須重視生活的磨練，在日常生活中體驗友愛和負責，學習珍惜自己，省悟生命的意義與價值。人生的問題，就禪的觀點來看，「它不屬於知，也不屬不知」，墜入知性的分辨就會疏離，一味的作白日夢，或眼高手低，憤世嫉俗；若墜入不知，則變得愚迷懵懂。因此，每個人都要培養自己實踐的智慧，要活在自己真實的生活之中。

從禪的觀點來看，人生教育是無相的。也就是說，生活的實踐智慧，並不是用文字課本所能完全教導的。它必須從日常生活中去歷練，去陶冶，去判斷；從而培養其智慧、態度和情操。

人只有覺察到自己的根性因緣，在日常生活中展現其潛能，才能走出屬於自己的路。人生路是由自己走出來的，不是老師或父母指定的，更不是命運安排的。因此，教育必須培養學生創造人生，而不是替他安排人生。每一個孩子，若能依照自己的現實條件，好好去發揮，就能過活潑有朝氣的人生。

以下從禪的觀點，闡釋教育的旨趣，分別就自我醒覺、無形的教誨、教導的態度和幫助學生走出自己的路四方面加以討論。

自我醒覺與肯定

每個人生來都是一塊寶。教育的目的，無非是教導他認識自己，開展他的人生，實現他的生命光輝。每個人生來都具有實現生命的潛能；那是唯一的、獨特的，值得父母去珍惜，值得教師去疼愛，值得自己去肯定和自豪的。每個人天生與別人不同，能力各有所偏，興趣殊異，遭遇的環境不同，根性與氣質迥異。如果拿自己跟別人比較，要讓自己活得跟別人一樣，無非否定自己；如果拿自己的孩子跟別人比較，期待他的成就跟別人一樣，相對的也會否定孩子的自我實現。

禪家認為每個人既然不同，就應該教他自我肯定，依照自己的能力、興趣、因緣去過實現的生活，這實現的生活就是見性；倘非如此，就會自我迷失。所以說：

萬象之中獨露身，
惟人自肯乃方親。
昔年謬向途中覓，
今日看來火裡冰。

每個人都應該肯定自己，接納並實現自己的人生，這才活得親切、喜悅、幸福。如果一味在人群中追求虛名，沽名釣譽，無非是一場造作和虛幻，到頭來就像火裡的冰一樣，是空而不實的。

今天的教育，由於過度強調智育，以升學為教育的唯一指標。結果，疏忽了個人能力的開展、生活智慧的啟發，以及對生命的敬重與肯定。它導致文化生態的扭曲，個人精神生活的空虛，道德責任的虛弱與貧乏。我們一再強調五育均衡的教育，但是每一本書、每一堂課，都僅及於知性的認知和分數的計較。智育好的學生，埋沒在書堆、分數和彼此競爭之中，思想刻板，情感冷漠，生活經驗匱乏。智育成績平庸者，教師和家長便抱著失望的心情，卻又忽略對他們的啟發，他們在學校生活中所得到的是失敗與茫然的經驗。

今天教育上所產生的弊病，誠然源自教育觀念的錯誤。社會大眾把教育視為讀書，把讀書和考試當做取得學歷和謀取職位的工具。結果教育的內涵狹隘化了，教育只是讀書，而不是心智的開展；只偏重升學，而疏忽了精神生活的引導。

哈佛大學心理學家迦納（Howard Gardner）是研究人類心智發展的專家，他說：我們的社會有三種偏見，以致在教育上很難展開心智潛能的啟發，那就是測驗主義、西方主義、甲等主義。測驗主義過分強調智商的重要和知性的考試；西方主義則將注意完全集中於衡量與比較上，不理會東方微妙的觀念——直覺的、非邏輯的智慧。甲等主義則太重視成績單，對切實的智慧則不夠重視。由於以上的偏見，我們對於學業成績平庸的孩子，往往忽略了他們的才華和潛能，以致被抑制下來。

迦納所說的三種偏見，對照我國教育現況，似乎有過之而無不及。我們不但忘記東方那種眾生平等和人人都可以見性成佛的直觀觀念，尤深陷於西方的量化和物化的價值理念裡，把孩子放在智育成績的競賽場上，而嚴重疏忽人性潛能的開展和啟發。

現在你也許要問我，什麼是人性潛能的開展。這個觀念要從佛經中的一段話說起。在《長阿含經》中記載著一則故事，說佛陀誕生時，便一手指天，一手指地說：

天上天下，

唯我獨尊。

這段故事象徵著佛教智慧的根源。它以佛一出生就做如此宣誓，來表示所有的教義都建立在這個基本的觀念上。這個唯我獨尊指的是接納自己，實現自己。人必須透過「空」的修行功夫，把一切虛幻捨去，揚棄一切貪婪、嗔心、愚癡和執著，才能看到自己，接納自己，肯定自己，實現真正的自己，這就是生活的最高智慧。

每個人都有潛能，要依照自己的潛能去生活，而不是欽羨甚至摹仿別人過生活，這就是生命之實現。空卻一切虛妄和造作，好好過實現的生活，便是禪家所說的「真空妙有」。

個人的能力彼此不同，甲老是寫錯字，國語考不及格，但在運動場上卻很出色。乙的數學成績差勁，只考個位數，卻是一位很手巧的裝潢木匠。丙看起來一無專長，成績也無可恭維，但是卻很能自知知人，是一位很好的推銷員。教育所要強調的是引發個人，去實現自己的潛能，接受並珍惜自己，亦就是啟迪自信和豪氣，它使人活得有尊嚴，有成就，有幸福。

迦納把智能分成八個基本型態，絕大部分的人都具有其中一項或多項的能力。如果在教育上能加以啟發、鼓勵，讓擅長的智能開展實現，就會有具體的成就。這八種智能型態是：

● 語文型的人：對於語言文字的音韻、節奏、意義表現得特別敏銳。

● 音樂型的人：他們對音樂特別有興趣，喜歡各種聲音、樂器和歌唱。

● 邏輯智慧型的人：對於分類和有圖案的東西著迷，他們善於計算、推理、下棋和有條理的想像。

● 視覺空間型的人：他們喜歡機器，善於構想結構性的藍圖，對方位、標記、形狀能把握得很精確。

● 身體動覺型的人：對自己身體的動作、姿態極為敏銳，他們喜歡的是舞蹈、運動、特技、表演、書法、美術、工藝等。

● 內省型的人：善於反省和了解自己的情感，他曉得自治，計畫自己的未來，發揮自己的能力。

● 人際型的人：善於了解別人，注意別人的變化，這種能力是多元化開放社會所最需要的。

● 自然觀察型的人：善於觀察大自然的種種現象，區分、辨識其不同的特質，對生物世界有相當認識的能力。

教育的主要目的就是提供各類嘗試的機會，發現個人的天賦和特質，予以誘導和啟發，使其能力得以開展。從而喜歡自己，建立自信，從事與自己能力有關的工作。其實，每個人都具有以上七類能力，只是各有所偏，各有所長，才顯出不同的型態。即使在相同的型態裡，亦有很大的個別差異。

教育的職責就是要發現並鼓勵孩子去開展自己的才學。人唯有配合自己的專長，投注於工作，應用於生活，才會有滿足感。事實上，工作的喜悅和生活上的滿足，並非決定於待遇，而是決定於是否能夠在生活與工作中自我肯定，把工作做好，讓自己有著實現的感覺，而這種實現將使他在工作上獲得極大的成功。

教育的宗旨不在於把每個人教成一樣，而是在共同的規範與必備的知識之外，加強個人才能的啟發，使每個人依照自己的能力和因緣，實現和成就自己的人生，這在佛學上稱做「成所作智」。每個人都能依自己的根性因緣成就，都能過實現的生活，就叫做「平等性智」。

父母親總希望自己的孩子出人頭地，從小就教他跟別人比較和競爭，結果孩子的教育變成了競爭的手段，而真正重要的事——發展他的潛能——則被忽略。出人頭地的觀念，很容易否定孩子的潛能，而導致他的潰敗。

我以前在演講中常引述一則寓言：

有一天，一群動物聚集在一起開會，討論學校的課程。兔子說賽跑重要，一定要列入課程。鳥兒說飛翔重要，一定要列入課程。老鼠說挖地洞重要，也一定要列入課程。最後，他們把各種重要的技能都列入課程，強制他們的孩子學習。

結果鳥兒的飛翔本來應該考甲等的，後來為了學習用翅膀挖地洞，把羽毛弄壞了——牠既沒有學會挖地洞，連飛翔也考個丙等。兔子為了學飛翔，從樹上跌落而骨折——牠不但飛不成，連專長的賽跑也出了問題。

教育的結果，沒有一個孩子根據自己的潛能發展成長，反而都受到創傷而垂頭喪氣。

今天的教育是不是跟這則寓言有些相像呢？我們是不是把各種不同才能的孩子，放置在同樣的升學和製造文憑的生產線上，以致否定了孩子發展潛能的機會呢？我想，答案是不言可喻的。因此，現在正是改變教育觀念的時候，我們所要重視的就是啟發潛能，肯定每一個孩子的天賦，予以鼓勵和誘導。

禪的宗旨就是見性成佛。見性就是實現自己的本真，成佛就是個人的充分醒覺。因此，成佛並非有一個身外的佛可以成就，而是要從自己的潛能與實現中，去成就圓滿的人生。南唐的慧超和尚問法眼文益禪師：「如何是佛？」

法眼的答覆是：「汝是慧超。」

法眼文益指出，只有慧超能依照自己去實現，去修證，去服務一切眾生，去實踐大乘菩薩行，那就是佛道。這個觀念不正是現代教育所急需借鏡的嗎？

請注意！教育的目的是幫助一個人自我實現，而不是透過慾望和野心去塑造一個不幸的怪人。

無形的教誨

父母親都關心自己子女的幸福；為了子女有好的前途，殷殷督導他們用功讀書；期待兒女將來有好出路，為他們選擇好學校，勉勵升學，叮嚀報考熱門科系。於是，升學競爭激烈，教學所重視的是升學，學生所關心的是考試、未來的出路和功利。教育普遍被看成滿足慾望和野心的工具。於是教學的啟發性本質流失了。我們幾乎很少教導生活的智慧，適應的能力，深邃的思想以及實現幸福悅樂人生的活力。

我們重視的是看得到的東西，拘泥於刻板的教育內容，所學的偏重於知性的思考和科技文明下的生活技能。乍看之下，我們似乎做了中肯的抉擇，為著下一代的教育做了有利的考慮。事實上，我們忽略了許多重要的教育課題。而這些課題是沒有標準化教材，沒有固定答案，不是用語言文字能直接教授或測出成績的能力。它是一個人的精神生活的適應，是深藏在心中的智慧和倫理能力。它沒有公式可以依循，無法用知性的教材來達到完全的啟發，所以我透過禪家的用語，把這種生活智慧的教導稱為無相的教導。

禪家是很重視生活智慧的陶冶和啟發的。因為它能使一個人獨立思考，自動的學習，有著清明開朗的態度，從而使人活得更有創意，不被色相所欺，不執著於偏狹的觀念和見識。禪家認為培養生活智慧必須從心靈的陶冶開始。宋朝無門和尚說：

佛語心為宗，
無門為法門。

意思是說，佛的一切教誡以心性的啟發和覺悟為契要，在教導上沒有固定的方法或標準化的法則可以遵循。也就是說，生活智慧的啟發，不是透過定義的解說或行為的訓練和死讀書所能完全辦得到的。因此，正確的方法應該是在日常生活中，隨時加以啟發和教導，經一事長一智，所以他說：

大道無門，

千差有路。

人唯有不斷的接受各種生活的磨練，才能使待人處世的智慧圓熟增長。於是，他蒐集了四十八則活潑的禪門公案，做為平常教導學生的素材，而不是以解釋和定義來進行生活智慧的教導。他的教法是許多個案，每一個案的內涵都是活水般的經驗，要弟子們經常在日常生活中，自己反省、自照自鑑，訓練自己的生活智慧。他把這本書叫做《無門關》。而這幾個字也正確的表現出他的獨特教學方法——無相的教導。

對於現代人而言，無論是家庭教育、學校教育或者社會教育，為了提升生活智慧，都要注重無相的教導：要在生活中陶冶，要從許多好的故事、小說、文學和生活體驗中陶冶心性，啟發智慧；千萬不能讓自己的子女，一味讀死書：只知道學校生活，不知道親朋之誼；只學課本，不學待人接物；只想接受照顧，而不懂關心別人；只考慮自己，而不尊重別人。這樣會使一個人的社會智慧變得愚昧，生活適應發生困難，人際關係變得僵化，思想和情感的感受性發生問題。這樣一個人是很難有健康的心智和成功的人生。

在這開放的社會裡，我們看到許多生活適應不良的成人，他們的婚姻生活有了難題，工作上經不起壓力，情緒不穩定，心理有了疾病。這些人沒有學歷之分，而共同點是生活智慧的貧乏。學校裡也發現許多逃學逃家的孩子，他們投身於不良同儕之中，染上種種惡習，用藥物來麻醉自己，這些青少年也是因缺乏生活智慧的啟發所致。缺乏生活智慧，就會經不起誘惑而誤入歧途。因此，我們要重視無形的教導，在潛移默化之中，教育我們的下一代，使他們有著深邃的人生智慧。我認為，只要你能在日常生活中注意以下幾種無形的能力的養成，孩子也就不怕世途險惡了。

信心與安全感

信心是一個人能肯定自己、不怕失敗、勇於面對挑戰的心理力量。有了自信，才不怕嘗試，才能應付將來的危機。信心是培養出來的，是一種實力，而不是口頭傳述的語言觀念。你必須在日常生活中，觀察孩子待人處世，看出他的優點，給他鼓勵；安排參加各類活動，指導他克服困難、獲得成功的機會。當孩子累積相當的成功經驗之後，就會建立起自信心來。許多老師和父母，求好心切，一時給孩子訂的標準太高，又經常對孩子的表現加以批評和挑剔，孩子反而會懷疑自己的能力，缺乏安全感，這樣很難培養信心。禪宗第三代祖師僧璨說：

狐疑盡淨，
正信調直。

當一個人對自己的能力沒有懷疑時，自信心也就自然的展現出來。請注意，信心不是自負自傲，而是心平氣和的肯定自己。因此，對孩子成功時的讚美必須對事不對人，中肯而不誇張。時時刻刻發覺孩子的優點，予以肯定是培養信心的起點，給他接受挑戰的機會，幫助他獲得成功的經驗，是孕育信心的有效途徑。

熱忱與負責

熱忱就是佛家所謂的精進，也是一般所謂的熱心。沒有熱心就不能承擔重任。缺乏熱心不但不能貫徹自己的計畫，在人際關係上也會顯得孤立。時下遊手好閒的人、眼高手低的人、做事虎頭蛇尾的人隨處可見，那是因為缺乏熱忱和責任感所致。

孩子天生是熱心有責任感的，只要大人做家事時肯讓他參與，孩子自然會流露熱心。如果父母自己就慵慵懶懶，不做家事，不以熱忱待人，孩子的熱心就會慢慢冷卻。我的母親在我結婚時叮囑說，「結婚成家，要正常在家開伙，這是傳承，是家庭的生機，也是教子教孫的典範。」多年來，我的孩子跟我們一起做家事，共同分享生活的經驗，也培養了自動自發的責任感和熱心工作的態度。

在我的輔導經驗中，養尊處優的孩子總是缺少承擔和堅忍的氣度；缺乏多方面生活經驗的孩子，經常表現著逃避和消極的行為。古時禪門非常重視日常事務的磨練，而且要訓練到無論什麼事都能稱心順手去做，沒有半點怨言，不留絲毫怠惰，這樣才使一個人充分覺醒，孕育出剛強而溫和的個性和智慧。所以唐朝的龐居士說：

神通並妙用，
運水與搬柴。

這是說，運水搬柴之類的家務差事，有助於個人心智的成長，它是一切神通和妙用的根源。我相信，如果你能以身作則，從小引導孩子做家事，必然產生無限妙用。

主動學習

孩子的主動精神是心智成長，不斷求新上進的力量，這是大家所知曉的。所以父母總是耳提面命，要子女自發自動。殊不知自動自發的態度，並不是用語言訓誡所能養成。這也是要從家庭氣氛中去陶冶薰習；父母每天好學不倦，言談之間表現主動求真、求知，孩子們自然主動好學，求真求實。

孩子的好奇和好學是天生的，如果你不去壓抑他們探究的天性，自然流露著主動求知的態度。不幸的是：許多父母用成敗的眼光來批評子女，以成績的高下來責備督促，而不是主動和幫助他們解決學習的困難。結果孩子們的挫折擴大，困難沒有解決，對學習也就厭倦起來。如果你關心孩子們學習的素材，對它也有興趣，孩子們會覺得學習是很有意義的：因為共同分享學習的經驗，對孩子產生激勵作用。

同情之心

此外，同情心是一個人幸福的來源。我認為有同情心的人才能真正了解別人、尊敬別人、關心別人。同情是指對別人心情和思想的感受能力。同情心好的人，比較能夠寬容別人，給別人自新的機會。同時，也能跟別人分享生活的悲苦和喜樂。佛家把同情解釋為慈悲，它的本質為：

- 慈是給予別人喜樂的能力，它的本質是服務。
- 悲是幫助別人解決困難，它的本質是救拔。

孩子們若能學習這種能力，他的人生是健康的，待人是和睦的，處事是有眼光、有步驟的。

教導這種同情的能力，當然不能以「你要有同情心」一句話語來傳遞。同情是一種無相的能力，當然要從無相的教法中去啟發孕育。當你有助人的行動時，孩子的眼睛已經亮出了仁心之光；當你為社會誠心付出關懷與服務時，他們的心地，已播下渾厚高貴的性德。

有同情心的孩子必然成為明白事理、有所成就的人，當然也會是一位有人情味的家庭成員。但這得有一個條件，那就是父母必須先學習同情和助人，而後方能教子女學會此一高貴能力；當然老師必須具備慈悲的襟懷，才能點燃孩子的人性光明面。禪家說：「給後人作榜樣。」別忘了自己要教子教孫，千萬不可放逸。身教是無相的，它在無形中教好子女和學生，也會在無形中教壞他們的。

心懷希望

最後，你要讓你的孩子或學生心懷希望，讓他們從自信中確立希望。要讓孩子們從日常生活中，從書報、雜誌及新聞資料中，學習到黑暗過後一定是光明，問題總有方法可以解決，麻煩一定可以克服。他有信心、有希望、有毅力去尋找答案，克服挑戰。這是一個人成功的關鍵，也是孩子們幸福與成長的保證。

希望就像是心中的太陽，它使孩子溫暖，給孩子勇氣和奮發的豪氣。但是，請切記！希望絕非野心的慾望，如果你教給孩子的是佔有和慾利。那就會把孩子推入心靈上又饑又餓的地獄。禪者提醒我們：「光明遍照。」你必須心懷光明磊落的希望，時時表現著信心和悅樂，肯上進，肯努力，這樣才能培育他們充滿希望的心境。我常常對我的孩子說，「把挫敗時的洩氣丟到垃圾桶去！讓我們打起精神，一定能找出成功的經驗，繼續幹下去！」

孩子失敗時不宜責罰，而要幫助他把困難和盲點找出來，加以改正。我稱它叫「捉臭蟲」。我跟我的孩子總是在樂觀之中去捉臭蟲，以希望的心情憧憬未來和努力。我認為父母和老師都應以教導生活的智慧為重，因為它是教育的根，是文化的本，是一個人幸福的活水源頭。唐朝的馬祖大師說：「馬車不動了，是打馬還是打馬車？」答案是很鮮明的，當然要打馬。但是，今天的教育為什麼那般重視智育和升學的有相教育，而忽視根本的無相教導呢？我想，馬祖大師一定會說，你錯把馬車當馬了。

平常的教導

對於兒童和青少年的教導，父母或教師一定要在認真的教導中懷著一顆平常心。萬不可求好過切，愛之適以害之；更不可以疏於教導，任其嬉戲墮落。我在許多親職教育的演講中，經常告訴年輕的父母親，要用禪家的智慧教導子女。這個教導的妙諦就是：「平常心裡好認真。」

對於兒童或青少年的教育，如果以平常心去協助其學習，促進其身心成長，培養其生活適應和道德責任，自然會流露著好氣氛，孩子也易於接受。父母或師長在指導孩子時，顯得有理性，當然易於培養孩子的信心、好學和自主性。這樣的教導方式，容易成功。親子或師生之間，不會造成衝動，可避免引起不必要的摩擦。這樣的教導是「四兩撥千斤」的教法。它的基本態度是平常心中的認真，是冷靜清醒下的熱愛。

反之，如果不從平常心出發，一心想要自己的孩子能考出好成績，出人頭地。教導的目的是為了把孩子培養成一位博士、律師、醫師、會計師等等。這樣的教育是執著的、有企圖、有野心的。教導的啟發本質被扭曲為慾求。孩子一旦達不到預期目標，師長很容易惱怒地苛責或處罰他們。這時，學習即刻蒙上一層不愉快的氣氛。唐朝鳥窠禪師說：

識性不停，

得非險乎？

對子女的教育，如果強制其接受自己為他選擇的目標，則愛會變成子女乏味的束縛，責任和關注反而引起他的反抗。即使孩子全力以赴，完成你交代的目標，也無異削足適履，抑制其潛能。請注意，完全聽話，去實現師長所訂的目標，即使實現了，也不是他的「自我實現」，孩子並沒有培養出自動學習的能力。

大人愈是用強制性的方法教導子女，孩子好學的態度愈不容易帶動起來。你一定也留意到，在中學階段，大部分的孩子，因為在學業競爭上，沒有得到成功與肯定，而放棄了學習。那些所謂功課好的孩子，因升學壓力的逼迫，一旦上了大學，則明顯的對求知顯露疲態。至於大學畢業，踏入社會之後，肯自動閱讀、繼續求知的人就鳳毛麟角了。我們的社會，求知的風氣不彰，企業界在研究與發展方面不肯投入，背後是由錯誤的教育導向所引起的。

教導青少年及孩童當然要認真，要肯花心血，循循善誘，作多方面的啟發，提供各種學習經驗，為他打下好的根基。但是，如果不是抱著平常心，就不可能維持你原先認真的態度，源源不絕地提供啟發心智的素材。

禪家把平常心當作生活的智慧來看是很有道理的。

唐朝時候，兩位禪宗大師，對平常心作了以下簡短的對話。趙州問南泉：

「如何是道？」

南泉說：

「平常心是道。」

趙州又問：

「還可趣向否？」

南泉說：

「擬向即乖（扭曲或錯誤）。」

很明顯的，平常心不是一種造作或野心，更不是追求任何別人對自己的肯定和羨慕，而是心平氣和的看清事實，針對兒童與青少年的需要，作適當的回應，從而發生鼓勵、引導、支持和啟發的效果。

平常心的反面即非常心。在教導兒童或青少年時，最常見的錯誤態度有三種。一種是功利的求好心切型；一種是養而不教的放任型；另一種是愛而無心的委託型。這三種教育態度，對兒童與青少年的教育，都是無益的。

求好心切型的人，對孩子的教育抱著急功近利的態度，對子女的未來描繪著一張虛幻的藍圖，每天都在為孩子未雨綢繆，預作準備。他們錯把孩子當成自己，又把孩子的現在當成未來，所有的教導似乎與孩子現在的身心與知識狀況不相切合。孩子受了許多苦，父母親自己也疲於奔命，而對於孩子的健康與心智發展，卻無多大好處。

有位年輕的媽媽告訴我，他的孩子現在念國小五年級，最近在日記上寫著：「我真的很不幸，生活一點樂趣也沒有，每天除了上學作功課之外，就是被送去補習。星期三下午，同學們留在學校打球，我獨自去補習作文。星期六下午，大伙兒留在學校作壁報，媽媽卻來接我去學英語。星期天上午又要學鋼琴。我不能去玩，我很難過。」我相信，一隻關在金籠子的鳥，是長不好的。

安排和鼓勵孩子讀書和學習是對的，但是如果負擔過重，疏忽了活潑的休閒和快樂情趣，就脫離了教導的常道。它往往會造成孩子厭倦讀書或障蔽其心智成長上的缺憾。

放任型的教導方式，與求好心切型正好相反，但同屬於非「平常心」的教導態度。他們對孩子顯得不關心，放縱而很少管教。這類的父母或師長，似乎自己就缺乏自制的能力。他們沒有能力愛孩子，也無心關懷孩子。放任型的父母所建立的家庭是散漫而沒有責任的，所以孩子很容易誤入歧途。特別是開放而價值觀念紛歧的社會，孩子最容易因父母之放任和疏忽，造成終身的遺憾。

禪家把前面求好心切的態度稱為「知」，把放任不管的態度稱為「不知」，而教導既非「知」的人所能做得好，也非「不知」的人所能做得好，因為他們都處於非「

平常心」之中。所以，當趙州聽到南泉說「擬向即乖」時，又緊接著問，那麼什麼才是道呢？南泉說：

道不屬於知或不知，
知是妄覺，
不知是無記。

如果你以強求之心去教導孩子，那就會陷在虛幻之中，終歸於失敗。如果你什麼都不去做，教導也就落入「無記空」裡，等於放棄教導。究竟什麼是教導的正確之道呢？很簡單，那就是平常心。是以一顆清醒而又認真的心，去引導孩子，啟發孩子，甚至要嚴格訓練他們，這樣才是有效的教導。

至於委託型的教導方式，是希望子女接受好的教育，自己卻不肯從事教導。他們忙於自己的事業和應酬，卻把教導的責任完全委請學校、補習班或家庭教師。乍看之下，他們似乎很重視教育，但是由於自己疏於配合和指導，往往得不到預期的成果。

多年前我的兩個孩子還小，當時我曾打算再赴美國留學，修個博士學位。我母親知道了這件事，很慎重其事的告訴我：「你應該留一點機會給孩子去讀，萬不可以統統由你讀光了。如果你現在出國讀書，孩子由誰來教導？父親的角色和言教是很難替代的。記住！不要只想自己讀書，也要留一些書給孩子讀；不要只想著自己賺錢，要留一些錢給孩子賺；不要一味想著自己的前途，要留個前途給孩子去開拓。」我覺得很有道理，所以打消出國的念頭。

我曾在教育心理學雜誌上看到一篇文章，指出美國大學研究所學生所生的子女，有不少在智能發展上有了問題，學習上也有困難。經過一番追蹤研究，發現這些研究生功課太忙，為了生活又必須打工，只好把孩子託別人帶，以致疏於教導，使他們子女的心智成長受到影響。

許多年輕父母，忙著自己的事業，疏於和子女建立融洽的情感和溫暖，從而影響孩子的心理健康和學業成就。他們卻抱怨地說：「孩子要什麼我給什麼，我為他請家教，送他進最好的學校，安排最優秀的老師，為什麼會成績低落、不肯上進呢？」對的，也許你的孩子什麼都有，獨獨缺乏平常心的關懷和教導。

平常心是教導的妙諦。它是一種清醒的智慧，認真踏實的態度和慈悲溫柔的心懷。它沒有野心，沒有貪婪，而是透過臨濟大師所謂的「老婆心切」，去觸動兒童和青少年心中的光明本性。

父母和老師若能心懷平常心，就能教導出活潑、健康和肯上進的兒童或青少年。

讓孩子走出自己的路

禪門弟子各個都要接受禪師愷切的囑咐：「畢竟是你自己。」禪的重點就在於引導弟子看清自己，如如實實的去成長，去展現生活；篤篤當當的接納自己，去過成功的人生。因為每個人都注定要依照自己的因緣去努力，去發展，去實現他的活力，而不是把自己變造成別人，照別人的意思去生活。

人類最愚蠢的行為是一味摹仿別人；最荒唐的教育是鼓勵孩子去跟別人比較。摹仿使人失去實現自己的愜意，否定自己的天賦；比較使自己的人生淪為競爭的工具。因此，教育的任務是肯定每一個孩子，依其資質、性向、能力和志趣，給予適當的鼓勵和成功的機會。換句話說，教育是要使一個人成就他自己的本質，這就是禪門教誡中「如來」的最起碼意義。

在分工合作的開放社會中，每個人都可以透過自我實現而做一個有用而成功的人：人不一定要出人頭地，但一定要過得充實愉快；不一定要出類拔萃，但一定要讓自己活得有用有價值，能勝任自己的工作，喜歡自己的職業和生活，這也是「如來」的生活法義。

如果我們不忠於自己，只想活在佔有、貪婪和物慾的豪奪之中，那麼生活就會「物化」，精神就會變得苦悶。所以我們不應該把物慾的觀念加諸子女的教育上，把孩子看成物一樣來操縱。那會破壞孩子潛能發展的契機，損害他身心成長的自然律則。許多父母把子女的分數和名次看得太重，把報考科系視為自己慾望的延伸，管得嚴，逼得緊，報考的志願完全基於功利，這是今日教育違反常理的地方，也正是教育弊端之所在。

禪家認為每個人都具備特有的本質或根性因緣，透過啟發和覺醒，就會像寶藏一樣閃爍著光明的人生。

唐朝馬祖對千里迢迢從越州來問法的大珠慧海說：

「我這裡一點佛法也沒有，你自己放棄自家寶藏不顧，來這裡做什麼？」

大珠便問：

「什麼是我的寶藏呢？」

馬祖說：

「現在問我的即是，這個寶藏一切具足，沒有欠缺，運用起來非常自在，何必向外追求呢？」

大珠聽了這話便大悟了。現代的父母和老師在讀完這則公案時，也該大悟才對。我們該徹底的覺悟，孩子一定依照自己的本質和條件去成長，我們要依孩子現有的一切去鼓勵他、訓練他、啟發他、獎掖他；而不是一味責備他辦不到的地方。

書讀不好，沒關係，只要把基本的讀寫算學會了，就可以根據自己的性向去學會一技之長，前途仍然大有可為。這世界是不同能力的人組合起來的，每個人都有用，都是一個寶藏。

社會上流行著一種觀念，以為孩子書讀不好就沒有前途，沒有希望，這是野心作祟下所產生的價值判斷。這種觀念不曉得戕害了多少青少年。

學校課業上的挫敗，常常使年輕人蒙上一層晦氣。在此我要呼籲天下的父母親和老師，請你鼓舞每一個孩子，給他們信心，給他們豪氣，對他們勉勵和期許。青少年總是在大人的引導、信賴和鼓舞中茁壯成長的。

第二次世界大戰期間的英國首相邱吉爾，在少年時代幾乎是低能班的學生，因為他的功課實在太差了。陳之藩先生在《劍河倒影》一書中寫著：

「邱吉爾幼年所遭遇的坎坷是史無前例的。同班同學，人家都學拉丁文了，把他編入低能班，只有資格念英文。人家都用希臘文作詩了，他依然在低能班念英文。鄰居指手劃腳的嘆息，為什麼這樣個名門貴族出這種白癡；連他的父親也不理解自己的兒子，委婉著勸他投考軍校。同學們當面惡作劇，老師們當面給他難堪。天之昏、地之暗，不是一個孩子能承受的。

「我二十年前讀他的幼年自傳，就激動的想哭；現在想起來，還是五內如沸，邱吉爾好像只有一個老師威靈頓安慰過他說：『你會奮鬥出一條自己的路來的！』」

我舉這個例子，並不意味著要你拿自己的子女或學生去跟邱吉爾比，去摹仿他。事實上，想摹仿也摹仿不來。要切記！教育不是野心的投射，而是對人與事的尊重和熱愛。邱吉爾的例子在於告訴我們：威靈頓這位老師對邱吉爾的關懷與鼓勵，扭轉一個被奚落少年的命運。它的關鍵就在於：「你會奮鬥出一條自己的路來。」

事實上，每一個孩子，都應奮鬥出自己的一條路來，去實現他充滿悅樂的人生。禪宗也要人走出自己的路來，所以《六祖壇經》中揭示著一個偉大的理念：

只合自悟自度。

唐朝雲門宗的禪法裡，似乎更重視這個自我實現的理念。雲門文偃最有名的教育秘訣就是：

顧、鑒、咦！

「顧」表示一個人肯努力學習；「鑒」是發現自己，不讓自己被野心和虛榮牽著鼻子走；「咦」是自己能成功的實現生活所發出悅樂的喜悅之聲！這三個階段，雲門禪者把它發展成三個步驟，用以啟發弟子，作為展現人生的標竿：第一，涵蓋乾坤；第二，截斷流機；第三，隨波逐浪。

涵蓋乾坤是指一個人張眼能看，用耳能聽，不辭辛勞，處處肯學的態度。每一個孩子都應該給他豐富的歷練及家事等日常生活的勞務，乃至應對進退，德智體群美，都要有學習涉覽的機會。現在許多父母，一味要孩子讀書，起碼的家事，親朋好友的往來，統統疏於教導，甚至連運動健康、育樂情趣也忽略了，這樣的教育是單薄的，是無根的，是蒼白脆弱的。難怪這些孩子長大後，有著生活無能的現象，對世事人情更是無知。目前許多青年人，正因為生活經驗的匱乏，以致於孕育不出生命的活力，而相對的變得充滿抱怨、消極、嫉妒，在眼高手低的境況下，對自己的未來，感到一片迷惘。

《天下雜誌》針對台灣一千大製造業及三百大服務與金融業的調查結果，發現企業界對我國教育體系培養出來的學生並不滿意，特別是：

- 團隊精神差，主動與創造力不夠。
- 教育並沒有培養出德、智、體、群、美五育均衡的好國民。
- 企業倫理和職業道德有待重建。

我們似乎只重視學歷，而不重視立身處世和工作能力的培養，我們缺乏完整的教育，這也正是缺乏雲門禪所謂「涵蓋乾坤」以培養明白事理、廣博知識、多方面能力、幹練的工作習慣和職業道德的現代國民。

從雲門禪的觀點看教育，只有完整的教育和訓練是不夠的。人必須在大快朵頤努力學習之後，經過「截斷流機」的澄淨和歷練，把野心放下，代之以踏實的態度；要把虛幻與浪漫摒除，代之以敬業和力行。當一個人把生活的眼光投回到生活的本身，把工作的旨趣安捺在務實的層面時，虛榮心化為責任感，他真正能工作，能實現，能好好生活了。

最後，雲門禪告訴我們，教育的極至是要一個人能真正的實現自己的潛能，在這多變的世局之中，保持著禪定與智慧，去因應一切，解決所面臨的問題，就像在水中優游的划水逐浪。它是有創意的、主動的、悅樂的一種生活方式。

教育的目的就雲門禪的觀點看，就是要孩子多方歷練、學習和試探，其次是引導孩子發現真正的自己，接納自己，充實自己。最後，使他能自我實現，在社會上，作一個有文化素養、有能力、有自信、有氣質的人。而這樣一個教育歷程，卻建立在一個真理上——每個人畢竟是珍貴的寶藏，都能走出自己的一條路來。

2 教導的新猷

教育需要老師的愛、睿智和勇氣，教導需要老師一念清醒的處置與回應。更可透過佛學中的「三法印」：諸行無常、諸法無我、涅槃寂靜來檢討反省教導的本質。

這是一個變動迅速的時代，往後的社會變遷將更加快速。我們不可能教給下一代生活適應的定則，因為那永遠趕不上適應新情境的需要。所以我們要培養一個醒覺的心靈、解決問題的能力和對人與事物之熱愛。基於這個信念，教導才顯得活潑有效。

教導是一門活生生的藝術，它需要各種知識，更需要創意；只有透過師長的創意，才可能教好學生，只有透過教育工作者的自覺，才能引導學生走向光明的未來。

從事教育工作的人必須認清「諸行無常」的道理：世事是無常多變的，所以你不能以曩爾小知去應對千變萬化的世事。當然，你也不可以食古不化，用多年前學到的一些教育理念，想要在教導上勝任愉快。

社會是變遷的，在你跟前的孩子，他們的思想、情感、情緒狀態，似乎不是你年少時的經驗所能了解。他們生活在一個開放的社會裡，自由與放縱很容易混淆。他們的生活富裕，在物質生活上有著強烈的消費傾向，以致很容易被奢靡之風所感染。他們活在價值紛歧、言論自由的時代，但卻不知道如何作正確的判斷。他們面對汗牛充棟的知識，卻找不出究竟生命的意義是什麼。身處城市的繁榮，卻又感受到孤獨與心理壓力；貪婪的巨獸，隨時在都市的叢林中出現，張開血盆大口把他們吞噬。

因此，教師和父母必須用更多的心血來引導孩子，協助他們用生活經驗的素材來沃壯智慧的根，用愛與耐心輔導他們走出狂飆與泥淖。於是，師長必須具備教導的基本知識和技巧。

教導與權威

教師或父母在進行教導時，必然扮演著權威的角色。因為教師有管教的責任，知識和能力比孩子高；特別是社會規範對老師和父母的地位相當尊重，其權威性也就相當明顯。

權威可以促進孩子學習，特別是在身教的認同上，更是明顯。孩子總是對權威角色產生仰慕，而在潛意識中直接吸收權威對象的人格特質和待人處世的態度。換言之，身教是因為權威而引發的。權威也可以產生一定的強制力，強制孩子認真學習，改正錯誤，鞭策其努力。

權威往往被誤會為疾言厲色，或者不容懷疑的絕對服從。當權威被視為是絕對服從時，其所進行的教育是控制的、灌輸的、屈服的、沒有創意的。這樣的教育正好是反教育的。因此，權威必須建立在知識上、智慧上、品德上和專業能力上，特別是在啟發孩子的教育愛和能力上。它才會成為對學生循循善誘的力量，並成為孩子們認同的榜樣。

從禪學的觀點看，教師必須先具備開悟的能力，才能引導弟子開悟。因此，禪門的教育是教師先具備心智開展的事實，然後才建立教育學生的權威，否則光說而不能力行，是空洞沒有價值的。學校教育和家庭教育也是一樣，特別是做人處事方面，如果教導者本身，都不具備基本的倫常能力，沒有關愛別人的修養，他就失去做為「人師的權威」。他所講的話不容易產生有力的指導性。

在教導上，人盡皆知，必須建立在自己「能夠」，然後才把孩子也教得能夠。你會英語才能教會學生英語，你會數學才教會學生數學。當然，身為教導者的父母和老師，也必須自己孝順才能教子女孝順；能講信修睦才能教導孩子具有這種人文素養；能負責，講公義，具備民主生活的態度和能力，然後才有能力和技巧去教好孩子負起責任，履行公義，適應民主生活。

教師和父母之所以失去教導的權威性是因為自己缺乏應有素養所造成的。自己缺乏愛人的能力，所以不能引發孩子也愛你，自己沒有正確的人生觀，孩子自然誤入歧途。所以我一再的呼籲，要把師長的權威建立在能力和智慧上。

許多人自己不肯敬業上進，卻要教孩子認真向學；他們沒想到自己的行為本身就是楷模，而只是一味地「要求」孩子的好表現。結果要求越多，發生的困擾和反叛也越大。身教的楷模是在日常生活中表現出來的，一位肯上進、能慈愛孩子、負起責任的人，自然散放著強烈的身教氣息，引導孩子實踐力行。反之，如果自己對子女或學生缺乏愛，不能踏實的關懷他們，幫助教導他們，尊重其根性因緣加以引導，缺乏教育子女的知識。那麼，無論是教師或父母，動用高壓手段也教不好孩子。

管教孩子要嚴；對與錯，是與非，總要清楚明辨。但不是用嚴厲的手段，而要用陶冶和引導。你當然要制止錯誤和不良的行為，而且要斬釘截鐵，毫不遲疑。因為你正代表著明智和社會規範，必須適時回應給孩子，這就是教導權威。但你必須注意，權威代表的是一種正確明理的力量，它的本質是愛，而不是暴。

如果你是在氣憤之下，想到動用權威來壓制孩子，那只是運用了權柄，去強壓對方，並沒有引導孩子心智成長。在氣憤下打孩子，看起來也是管教，美其名為師嚴而後道尊，事實上，師長的威嚴並沒有建立起來，道也尊貴不來。原因是：教導者只是在生氣洩憤，並沒有進行教育或教導。

孩子犯錯時，你要制止糾正，要督導改正；必要時可施以處罰。但處罰要越少越好，因為它會伴隨著嫌惡性後果，破壞良好的溝通，壓制自由的思考，影響學生情緒的正常發展，造成被動的行為態度。如果你非處罰不可，定要注意以下幾個原則：

- 對孩子施以處罰是出於愛心，而且是有能力的愛，能引發孩子改過遷善的愛。
- 不能在氣憤時處罰孩子，這會把教導工作誤導成洩憤，既失去教育效果，又容易傷害孩子。

- 孩子錯在哪裡，要說清楚，處罰之後，要言簡意賅加以訓勉。
- 處罰後要加以追蹤考核，改過自新時，要及時予以鼓勵，言語的勉勵和欣慰的態度，對孩子最具誘導性。

千萬不要把老師和父母的權威建立在處罰上，而要把它建立在德行、知識、智慧和處理事情的能力上。在自由民主社會裡，教育必須教導孩子愛、尊重和解決問題的能力，而集權式的權威，顯然有害於民主自由美德之開展。

在禪的觀點下看教育，教育無所謂權威。禪家的出發點是用智慧的權威訓練學生，作學生的楷模，教導學生開展人生的智慧。禪者慈悲心的教導下，學生必須接受嚴格的磨練。禪門戒規，一言一行，都要如法才行。所謂：

具眾足戒，
不犯威儀。

以現代教育來說，校規、生活禮儀、家庭生活規範，都是生活教育的一部分，都要嚴格要求，如有違失，亦施懲誡。不過，這是生活的規矩，而不是老師的權威。接受嚴格的生活訓練如勞動服務、負責各種職事、辛勤的工作等等。更重要的是接受忍耐的訓練，所以禪家說：「一等僧是在師家的鍵錘中日益強壯。」

教導一定要嚴，要認真，要多加磨練，但卻建立在悲智雙運之中。而學生卻也在老師以智慧引導下，終於有了開悟。

從禪的觀點來看，教師的權威終究要面臨學生的挑戰。因為弟子如果不從老師的權威中解脫出來，就不能在精神生活上超越出來。

唐朝的黃檗禪師，有一天就用耕作的機會，以鍬來表示智慧與權威說：

「就是這，世上沒有人能豎得起。」

臨濟知道黃檗的意思，便把鍬奪過來，豎在地上說：

「為什麼卻在我的手裡呢？」

這也就是說，「老師，法和智慧不是也在我的掌握之中嗎？」

於是，當天黃檗便退回去，並向弟子們說：

「今天已有人帶領你們工作了。」

禪的主要目的在引導弟子們醒覺、開慧、展現他的人生，教師的權威建立在智慧上和慈悲心上。當弟子們開悟時，已不再是權威了。

禪門的教導方式是嚴格的，但卻很慈悲；有些禪師的慈悲，像春風一樣，引導著弟子徹底悔改。宗演禪師還是雲水僧時，在建仁寺的俊涯禪師座下參禪。某日，天氣炎熱，在俊涯禪師外出時，躺在寺院走廊，伸展四肢睡著了。這是嚴重觸犯禪規的。當俊涯禪師回來，看到這種情形，大吃一驚。宗演驚醒了，來不及迴避，只好繼續裝睡。禪師小心的走過去，輕聲的說：「對不起！對不起！」而宗演此時則慚愧得渾身冒汗。從此，一分鐘也不敢放逸，朝夕精進參禪，後來成為一代宗師。

我認為禪師們對弟子的教化，有時像烈日，有時像春風，時而迅風雷雨，時而清涼雨露。他們在教導的方法上表現得嚴格而慈愛。

禪者自己是一個醒覺者，他們從來沒有因弟子的冒犯或過失而被激怒。所以在教法上也就活潑伶俐。我認為現代的教師和父母，在教育子女時，要保持幾分醒覺，才能樹立起教導者的權威。特別是學校教師，更應該從覺性中，培養好的感受性，了解學生，用他的專業素養和技巧來教導學生，而把那陳舊的打罵教育淘汰掉。

當我們把教導的權威建立在智慧、知識、愛和專業的技巧上時，權威就不再是壓人的權柄，而能引導學生的能力和品行，學習的目的也就不再是建立權威。因為權威已經不復存在，老師和學生不是上下的關係，不是主從的締結，而是一種建立在教育愛和心智成長的互動關係。學生在學習，教師也在教學相長。學生投入學習與探究，教師也進入一種謙虛謹慎的態度。學習的場勢，看起來教師是在循循善誘，但師生是同時面對真理的。

教導的起點需要一種共識，那要靠教導者來建立，那是權威的。由於權威的特質，學生願意、也心悅誠服的向師長學習。一旦進入教學的互動，權威已經沒有存在的餘地，可是最後教師把學生教會了，學生對教師的愛心和求知態度回以無比的感激與尊敬。所以禪門把它分成三個階段：

開始時見山是山，見水是水；
修行時見山不是山，見水不是水；
悟道時見山又是山，見水又是水。

在教導的過程中，教導者的權威是知識與愛，而不是強大的權柄。建立在知識與愛的權威，才能啟發學生，使學生不致淪為權威的奴隸，失去他們的創意和心靈的自由。

教學的三法印

作為一個教導者，無論是父母或教師，都應認清教導的本質。有人說，教導是把知識和經驗傳遞給學生，把研究方法傳授給學生，把待人處世交代給學生。這些所指的都是教導的內涵，而不是教導的本質。教導者在沒有認清教導是什麼之前，一味強調教學的內涵，是不容易對教導工作掌握得恰如其分，發揮教學的效果的。

一般人的觀念是把教導解釋為讀書和考試，這種看法簡直把教導狹隘到失去教導的意義。另有些人說，教導是師長引導學生學習德、智、體、群、美五育均衡發展的活動，這樣的說法，看來十分妥當，也是今日國民教育的教導宗旨，這應該是很周延的說法，但是我們多年來的學校教育是不是很成功呢？於是，我認為上項教育宗旨，仍然沒有把教導的本質，作最活潑而具啟發性的闡釋。

接下來我要從佛學的「三法印」來說明教導的本質，這三法印可以說是生命成長的規準，是心智啟發和教育理念的宣示，透過三法印來檢討反省教導的本質，就很容易作意義豐富的把握。這三法印是：諸行無常，諸法無我，涅槃寂靜。

三法印是佛陀為了驗證正法所口說的三個規準，它是印證思想的三個法印，是鑑別思想是否錯誤的依據，它很像是現代邏輯實證論的哲學家所建立的規準「邏輯的一貫性」、「經驗的檢證性」、「道德的可期性」一樣，具有普遍妥當性的檢證效果。

諸行無常

什麼是諸行無常呢？它是指世上一切事物乃至人世遭遇，沒有停滯不變的。比如說，經濟生活方式是變遷的，人類從遊牧到農業，又由農業到工業社會，經濟體制越是自由化，生活就越是複雜，特別是從工業革命到現在，短短的兩百年間，經濟生產已經進行了三次大變革；生產的技術隨著科技的發展日新月益，經濟生活的方式也日新又新。市場、行銷、財務管理，都在活生生的變動著，這就是諸行無常。

社會生活乃至社會結構，也在不斷的解組與重組之中變動，從農業社會文化到都市文明的更替，不止生活的方式改變，連價值觀念也紛歧多元。每個人都要在變遷中力求適應，力求成長。

每個人每天所遭遇的事情，都是他必須去解決的新問題，你不能用昨天適應成功的方法去解決今天所遭遇的困境。因為情境已經不同，如果你還執著在昨天的成功經驗裡，就不能創造新的答案，你就注定失敗了。

人的思想、行為、意識、情緒狀態也不停的在改變之中，如果想用一種刻板的教育方法去教育孩子往往是枘鑿不入的，是注定難以成功的。

於是教學的本質必須建立在對人、事、時、地整體情境變遷的認識和適應上。師長如果不進修，不用自己的創意和智慧，不用自己的覺性去了解周遭的變化，覺察學生心智發展的狀態，只是一味依教科書來教學，那是死的教育，即使你用了啟發的方式來教書本裡的教材，也難逃死的知識。因為你教的東西跟學生心智成長和學習適應沒有關連。

教師必須認清知識與經驗是具有時效性的、是無常的，所以你要教育孩子能面對無常，能在無常之中發展覺性，發揮創意，懂得如何解決所面對的問題。禪門也經常引用陶淵明所謂的：「今是昨非。」教育哲學家杜威（John Dewey）說教導是要促進一個人知識與經驗的不斷重組或改造。所以教導的目的是智慧的成長和環境的適應，而不是讀書，死記知識，那是愚昧的作法。禪家所謂：

直指人心，

見性成佛（覺）。

這種教導方式就是不執著於知識、文字和既有的解答。禪的教導方法是從疑至悟，沒有疑就沒有參悟，沒有參悟就失去覺性，那就愚昧無知。

今天的教育如何呢？為人父母或師長的人，是否曾想過自己教給孩子的是有用而能解決問題的智慧，抑或給他一堆死的知識？據我所知，我們已生活在民主的社會裡，卻很少教導民主社會所必須的待人處世之道，對於民主的道德和法治觀念，很少涉及，特別是許多父母和教師，自己對於民主法治的生活規範和基本適應能力都付闕如，他們又能教給孩子什麼呢？

由於諸行是無常的，所以我們的心智必須不斷的成長，這就是教導的本質。而實現這項教導理念，教師和父母都得不斷的進修，都能參照社會環境的變遷進行教學。同時要認識，知識是活的，是一種解決問題的工具，而不是用來考試以表現成績的。

《六祖壇經》上說：

心迷法華轉，
心悟轉法華，
誦經久不明，
與義作讎家。

教導是活的，不是刻板的，是要在變遷中找答案的，而不是抱著死知識埋沒於變遷的洪流之中，這是佛法的第一個法印，是值得我們深思反省和警惕的。

諸法無我

諸法無我是指在待人接物的種種行為關係中，要明白事理，明辨是非，和諧合作，互相尊重，而不能從自我中心出發。事事想著自己的利益、地位、權勢，就會使自己陷於愚昧無知。所謂當局者迷，即指以自我中心待人接物的後果必然是迷失無知。

剛愎自用的人是不懂得諸法無我，自私自利的人是昧於諸法無我，不懂得群策群力以立大功的人更不諳諸法無我的真諦。自我中心不但障礙了師長對學生的了解，也會破壞同僚之間教導的合作。

一個班級是由好幾位老師共同分科教學的。如果教師之間彼此有了成見，就不能合作無間，啟發學生。我認為基於教育愛和教導學生的使命感，教師與父母之間要捐棄成見，教師與教師之間更應該不分彼此，共同啟發學生。

然而，在人際相處之間，要作到明是非，除我相，是不容易的。父母親可能對老師不諒解而一狀告到法院，我實在很懷疑，這種訴諸法律的處理方式，對於教育子女是否具有啟發性。相反的，一位老師不能時時檢討自己，而卻以師道尊嚴為藉口，認為教師的權威是神聖不可侵犯的，又怎能教育學生明辨是非。我們的社會正流行著到法院去控告老師，在法治社會中，這沒有什麼不可；但我要強調的是：它不是教導。

我認為父母和教師都是教導者，他們如果不把自我中心的執著放下來，對子女的教導會產生嚴重的負面作用，甚至於產生摩擦，而學生成為受害者。有一位家長告訴我，他在學校遊藝會之後，由於一時找不到級任老師，所以在告知另一位任教老師之後，把孩子順道帶回家去。次日孩子被級任老師嚴厲的指責，在言語間表示著貶損和恐嚇。孩子覺得既無辜又害怕（對於一個比較怯弱的孩子，使用這種懲誡手段是反教育的，是對孩子心靈的一種傷害，一定要避免）。

父母知道事態嚴重了，便打電話向老師道歉、解釋和賠不是。並解釋說，當天他已向某某老師說過，並沒有不告而帶走孩子的意思。這種誠摯得像野人獻曝的說明和求饒，卻得到一個冷酷的答案：「你不用再說了！」

這是何其絕情的回答。電話掛斷的喀啦聲使這位家長茫然不知所措。事情似乎並沒有就此結束，這位老師在知道同事應允家長帶走自己班上學生之後，卻又找同事理論指責，現在連另一位老師也被波及了。

教學無非是為了要培養學生明白事理，有個正常的心智成長環境，現在老師不斷旁生枝節，又怎能啟發孩子心智成長呢？仔細檢討起來，這位教師是陷在狹隘的自我中心之中了。當然，教師應該就這個事例做為教學上的參考實例，避免父母擅自提早把孩子帶走，但實在不需要製造偌多的糾紛和煩惱。自我中心有如一片烏雲，它會障蔽我們的智慧和光明性，會使一個人憂鬱而消極。明朝普明禪師說：

一片黑雲橫谷口，

誰知步步犯佳苗。

要當心啊！父母如果把孩子視為自己的一部分，把自己的慾望投射在孩子身上，要他來替你完成自己未遂的願望，那是錯誤的。因為孩子會變成你慾望的工具，同時也會障礙其自我實現。當孩子的潛能被抑制時，他不容易嚐到成功的樂趣和充滿希望的人生。

老師對學生的冒犯不可以牢記在心中，這既不衛生又不理智。它會影響孩子應有的教育啟發，更會因為成見而扭曲孩子的許多意思表達。父母也是一樣的。如果師長不能把孩子們對自己的不敬，一掃而空，每天以嶄新的眼光去看學生，那麼你就會不停的受到干擾，你的自我中心也就更加嚴重。最後，你會失去教導者的全部立場。而且會越來越脆弱，越容易受傷害。那時，你的教學和生活都會受到相當的損害。

最後我要說，師長若能擺脫（解脫）自我中心的習氣，孩子在你的教導下，會覺得情誼濃厚，有安全感。更重要的是他們也從你的身上，學會開朗和自由的思考，他們也能從狹隘的自我中心裡走出來，展現通達的人生。

涅槃寂靜

教學過程在教育家的眼裡，總認為它是一種活動，而事實上，這種活動必須從寂靜出發。

當孩子的學習不受干擾時，學習效果隨之提升。什麼是干擾呢？你強制孩子坐下來讀書，本身就是一種干擾，許多父母強制孩子用功，終究沒有得到預期的效果。教師強制學生讀書，也是一樣。反過來，如果老師宣布一個小時之後考試，孩子們就會專注的讀書。

俗語說：「牽牛容易，推牛難。」師長們預設一個有意義的目標，孩子們會動員起來，專注的學習。目標不宜訂得太遠太大，對孩子的引導性才會較強；訂得越遠越大，就失去它的引導效果。許多父母老是告訴孩子，努力讀書有多好，可以謀得好職業、好待遇。這種目標既不正確，又甚為遙遠，是不會有好效果的。

干擾有許多種，情緒上的不安是最嚴重的干擾，比如說，父母失和，家庭破碎，失去溫暖。所以我一再呼籲父母，基於子女的幸福和成長之需要，要努力去締造友愛的家庭，甚至於呼籲政府，對於每一對新婚夫婦，施以婚前教育，告訴他們創造健全家庭之道。研究中顯示，犯罪的青少年大部分來自不健全的家庭或父母離異的家庭。其主要原因是問題家庭缺乏愛，造成不安和價值判斷的紊亂。情緒上的干擾是孩子心智成長上致命的打擊。因為不安與矛盾不斷危害了他的專注和邏輯思考系統。

其他的干擾包括生活環境的不適、交友不慎而誤入歧途、身體不健康等等。這些都可能導致學習上的干擾，師長必須注意協助，加以排除，或作適當的輔導。在禪的傳承中，佛陀說：

涅槃妙心。

教導者與學生之間，都必須在涅槃寂靜時，才可能有最好的心力進行教與學。也就是，如果不解縛就沒辦法邁開步履向前行動，不排除心中的煩惱、障礙、疑惑和矛盾，就無法綻放清醒的心智去學習新知。

涅槃表示教導者與學生之間，都願意把困擾和障礙排除。教師捐棄對學生的成見、偏見和刻板印象時，就能清楚的認識孩子的潛能，引導他們自我實現。教師能診斷出學生學習困難的原因，能替他進行補救教學，把基礎打好，學習起來便沒有困難，這就有了「妙心」或能力去學習新的單元。而對於學生的心理困擾，更須施予輔導，幫助他們克服它，自然能有好的學習態度和能力。

在現代社會裡，工作是忙碌的，人與人之間的競爭是激烈的，所以心理壓力是沉重的。因此，學校與家庭都應教導學生紓解心理壓力，以保持身心健康。緊張和壓力是導致許多人頭疼、怠倦、苦悶和身體虛弱的主要原因。特別是由心理壓力所引起的消化系統的疾病，經常感冒和失眠，給現代人帶來無比的困擾。當心理壓力超過一定限量時，甚至可能產生精神崩潰，造成嚴重的精神症狀。自殺的人口逐年增加，已經成為十大死亡原因的第八位，這是值得注意的。

涅槃寂靜就是告訴現代人，要懂得淨化自己的塵勞。消除心理壓力，才能恢復自由清醒的心境。這樣才活得自在，活得有朝氣。《六祖壇經》上說：

使六識出六門，
於六塵中無染無雜，
來去自由通用無滯，
即是般若三昧自在解脫。

當自己透過感官去處理各種生活事務，沒有染雜執著和心理障礙時，就能清醒思考，表現出好的適應能力，去創造和展現，那就是定慧等持的三昧自在。

我們必須肯定心理壓力的紓解、禪坐的訓練、運動和休閒的培養、美育和喜悅情緒的陶冶，是教導上必須重視的課題。

對社會的回應

過去的教育，一向重視知識、學理和思想的教導。其內容是獨立於現實生活之外的。到目前為止，我們的教科書仍然以學科和學理來編纂，而很少能直接反映社會的需要。比如說，我們生活在高度工業化社會之中，每個人都承受著相當的心理壓力，可是在國民教育中，幾乎很少教導紓解心理壓力或維護心理衛生的技巧。學生們在課本中所學的是一篇大道理，但與社會適應攸關的事情則付諸闕如。比如說，我們的社會正走向民主化和自由化，但教師對待學生的言行和平時所表現的態度，卻不是建立在民主之上。

我認為民主教育必須建立在生活教育上，建立在對公共事務的討論與了解上，建立在人際關係的處理上。因為它是活生生的練習，透過與生活的結合，民主的素養才表現出來。有許多人以為民主教育的重點是選舉，我的看法是如果把民主教育的重點擺在選舉上，將會是掛一漏萬。

當社會民主化、自由化時，他的國民必須具備民主的能力和自由的心靈。民主是結合大家的意見、思想和能力的一種方式，同時也是尊重個人尊嚴、維護個人權益的制度。民主教育的目的應是培養合作的行為，從合作之中建立共同的規範，從小組研究中探究新知，從分工合作中相互尊重。民主不是只限於政治活動，而是一種求知的方式，不只是協調意見的過程，同時是相互關愛的理則。透過民主生活的歷練，學生知道每個人的角色各不相同，知道彼此敬重。更明白為了維護共同的權益，必須守法，學習制定公共政策，並學會如何相處之道。

想想我們對年輕的一代提供了什麼教育？我們在生活教育上所教的都能回應社會的需要嗎？在教材之中，我們沒有討論什麼是宗教，什麼是迷信，以致連大學畢業的人也同樣走入神壇，為他簽大家樂或買股票許下貪婪的願。我們教給孩子倫理學上的教條，卻完全不告訴他們倫理正是他的心智狀態，他們的言行和舉動正在影響自己的幸福、心理的健康和對子女的身教。

學校教育和家庭教育不能回應提升社會、政治、經濟的需要時，教育就是無能。當這個社會有許多人在盲目操作股票、忙於投機式短線炒作時，教育有沒有及時反應出來，給學生們一個正確的股票教育？沒有。這個社會離婚率越來越高，教育是否及時作婚姻幸福的教導？沒有。青少年沉迷於網路，不肯承擔責任，遊蕩嬉戲時，教育是否對剛結婚的人施以教育子女之道的講習？沒有。公寓及大樓的喧鬧吵雜，寵物的糞便和噪音干擾，教育是否提供過公寓生活的單元來教導改進？沒有。我很懷疑，我們的教育的應變及回應能力。所以，我建議教育部應該有一個機構，全責蒐集社會對教育的需要，及時回應在教學上，那才是活的教育。當然，我也期待教師和父母，要及時把社會上所發生的事情，反應在日常的教導之中。

禪門常說：「道就在日常生活之中。」如果能在日常生活中進行教導，那才是生動活潑有意義的教材。我建議每一個家庭，都能在晚餐之後，很輕鬆的跟自己的子女閒聊學校生活、社會新聞或生活趣聞。這不是教訓子女，而是閒聊的討論，沒有責備和評價，但要能在傾聽、寬容和了解之中，去引導孩子明白事理。

我稱這樣的生活教育活動叫「家庭大學」。我家的家庭大學中，從科學到文學，從宗教到迷信，從社會百態到生活趣聞，從學校到家庭，都是談聊的素材。我聽的似乎比說的多，孩子們教了我許多新知，他們更是在談話中反省思考，他們每天都在生活中自我教導。現在我把家庭大學介紹給每一個家庭，不必每天開講，在自然的氣氛下進行，時間不拘，可長可短，其樂無窮，教導的效果亦大。

我也建議中、小學校老師，在班上開設「閒聊時間」，對於社會百態、校園點滴、生活見聞等等，讓學生們很自然的說出來，交換意見，提出討論，老師當然也是一位參與者。不過，老師必須注意自己的角色，你只是一個引言人，不是批評者，是一面鏡子，而不是答案的提供者。教師的使命是讓孩子在討論、爭辯和互相回饋中認清事理。不過老師要維持學生們避免對人的評價和人身攻擊。

社會的進步是由於教育能提供及時的導正功能。如果教導的內容不能發揮先導的效果，教導就失去它的意義。

教育的愛

現代父母對子女的愛是豐富的，但卻有一個弱點，他們的愛大多不是一種有能力的愛。有能力的愛是能引發子女愛的回應：能沃壯子女關心別人，負起責任，努力求知，成長為健全人格的力量。依我的觀察，許多家庭的愛是一種盲目的溺愛，這種愛不能引發子女心智的成長。

許多父母親的心腸軟得不能把握教導的原則，未能堅持要求孩子為自己的生活負起責任，為家庭作出貢獻。結果，孩子生活在溺愛之中，被保護慣了，造成一種脆弱不能承擔責任的性格。你要當心，一個脆弱又不能承擔責任的人，已經足夠資格當不幸的人。

最近，有機會與校長及科主任漫談學校教育，談到教育的風氣。有一位校長告訴我說：「有許多老師是來教書的，他們來學校的職責是把書本按照進度表上完；他們沒有愛，不關心孩子的心智成長和情感狀況。」有一位輔導主任告訴我說：「如果一位老師，在學校裡所談的不是教育而是炒作股票，不是對孩子的關心而是飲酒作樂，不是道德文章而是言不及義，我真懷疑他們在教室裡，能給孩子些什麼。」教師自己如果不能從愛裡綻放著以身作則的光輝，孩子成長的心理環境又何其清冷哪！

教導的基本原理是透過愛引發孩子對社會的關心，對袍澤的關愛，對四周情境的關注。同時，也透過愛所表現出來對孩子的責任和尊重，而引發孩子同樣有此能力。愛能激發一個孩子上進、求知，愛也使一個人成長為一位健康的巨人。任憑挫折和無情的打擊，都能經得起生活中的風寒。

民主與自由的社會是開放的，開放意謂著你再也沒有一個權威的東西可以依賴。因此每個人必須成長為一個獨立的個體，成為他自己：自己就是自己的依賴。禪門所謂：「你就是自己的依止。」每個人必須依自己的根性因緣成就其人生，要接納自己，要喜歡自己的生活，那就是自愛、自由和醒覺。不過，要引導孩子走向這條獨立自由之路，最需要師長給他有能力的愛。

對孩子的愛，師長所付出的不只是保護和撫育，同時要給他機會磨練，勞其筋骨，苦其心志。教導者是一種愛的付出，學習者是經過陣痛的誕生。我認為教導是一件艱鉅的工作，師長也在苦其心志中教導，在動心忍性中，引導孩子長出智慧與德行的新芽。據我所知，學校裡像這樣的老師也是大有其人。他們是一群沉默的工作者，從未伐善，亦未施勞。

有些師長是在關愛學生，但是愛之深，責之切，反而對孩子造成心理上的傷害，這種情形時有所聞，也是今後教導上應多加留意的。有部分師長，在苦口婆心之後，學生還是頑劣頂撞，一時氣急敗壞，動之箠楚，嚴厲體罰，把孩子打傷了。當家長告到法院時，教育愛便顯得混淆不清了。所以我呼籲現代的老師，處罰學生一定要冷靜為之。

教育需要老師的愛、睿智和勇氣，教導更需要老師一念清醒的處置與回應。我知道，師恩是何其偉大呀！

3 人文智慧的啓發

人文智慧就是一種精神生活的創意，使人產生蓬勃的朝氣、明白事理的睿智和反省思考的能力，而禪的本質正是人文教育所必須的內涵。

人文智慧使一個人產生蓬勃的朝氣，明白事理的睿智和反省思考的能力。孩子所受人文智慧的薰陶越多，越能幫助他建立清明的待人處事態度。

人文智慧並不是只限於實踐的智慧、信心的智慧、說不的智慧和應變的智慧。這四種智慧只不過是適應現代生活最不可缺的部分，其他如恬淡、溫柔、慈悲等等，都是高妙的人文智慧，均是豐足精神生活所不可缺的教育素材。

人的一生能否不斷福慧增長，邁向成功之路，要看他是否具備起碼的人文智慧。我所說的人文智慧是指一種內在的精神悟性，它像禪家所說的「毫光照大千」，給自己孕育活力、熱心和光明。人文智慧得到開展的人，幸運之神必然經常守護著他。因此，教育上必須重視對學生人文智慧的啟發。

禪的本質就是要開啟一個人的覺性，透過清醒的智慧，去展現其豐富的人生、幸福的生活、成功的事業、恬淡悅樂的態度和慈悲的精神。它正是人文教育的內涵。

智能和智慧是不同的，智能是智慧透過經驗法則所衍生的思考、邏輯、知識、經驗和語言系統；智慧是一種創意、開悟和直覺的能力。我們因為有智慧才孕育出創意，觸及到一個全新的思考領域和情性的活動；但如果要把它加以證驗、整理和敘述，就必須用智能來處理。智慧是一種觀照和開悟的能力；智能是一種系統的邏輯和思考工具。

就精神生活而言，智能是很重要的，但智慧尤其重要。智能是現象的、形式的、可以操作的系統。智慧是無相的、超越的、創意的、領悟的。因此，若缺乏智慧的創意，就沒有解決新問題的點子。然而，我們的教育太偏重科學智能或人文的知識，很少啟發其智慧，所以科學研究的創意不彰，人文精神的表現亦顯得沒落。本章所要談的人文智慧就是一種精神生活的創意。透過它我們才有正確的人生觀、價值觀以及道德的判斷。透過它我們才能在坎坷的人世，有著堅強的毅力、清醒和活潑的態度。

生活在一個價值觀念紛歧、物慾充斥、處處是誘惑與陷阱的社會裡，能保障孩子不致墮落的是人文智慧，能促進孩子開展成功人生的是人文智慧，能使他活得悅樂自在的也是人文智慧。但人文智慧是無相的，所以很難直接教導，父母和教師只能透過經驗學習來孕育孩子的人文智慧。

實踐的智慧

禪是傳遞生活智慧的一門藝術。它不是理論性的哲學思辯，也不是規範性的道德格律；而是啟迪一個人，活在醒覺和實現的過程中，具有實踐的智慧，能妥貼地待人接物，解決問題，過創造性的生活。

禪師們教導弟子，無不落實在生活的實踐，深入心靈的啟悟。在教學上避免理論和規範的闡述，而用直接導入的方法，要學生自己去發現、去品觸，並享受其成功的喜悅，承擔挫折或失敗的感受，從而學會自愛與自重。只有這樣才能直接獲得實踐的回饋，好讓他們能自我提升，發現生活的光明面。

在教育上說一篇冗長的大道理，顯然不如從直接體驗和力行中去表達善行來得有效。與其讓學生說得頭頭是道，還不如實際去做一次觀察、激盪和探究。生命的圓滿答案，生活的喜悅態度，是從每個人的心中流露出來的，因此，如何使一個人能在實際生活中綻放著智慧，才是教導的核心課題。

你一定不會否認這個事實：影響自己最深的教誨，往往不是從課堂的學習獲得的，而是在日常生活中，經由老師、父母或同學的激發。諸如一件偶發事件、一次及時的談話或提醒，直接在那事態中觸動你的心思，直滲心頭，使自己有了徹底的改變，從而走向新生。禪家總是提醒我們：「從門入者不是家珍。」這是說，經過系統化整理的說教，充其量只不過是一堆知識，孩子們即使照單全收，也不能獲得活潑的創意和智慧，真正的智慧必須在實際活動與思考中歷練得來。

因此，禪者時時刻刻把握機會，為弟子作出風馳電掣的腦力激盪，要他們在讀誦經典之後，把知性的說教推開，用自己的悟性去思考、去發現、去生活、去展現、去適應那充滿變化和新奇的環境，去解決所面臨的問題。禪師就像催化劑一樣，能及時觸動學生的心靈，讓他們的思想活絡起來，看透疑惑，發現到清澄的答案。禪師也像一盞明燈，總是在學生山窮水盡的時候，給他們一線光明，照得柳暗花明，這就是禪門教導的禪機。

現代的老師或父母，在教學上普遍犯了禪家的大忌。大家總是求功心切，想要一語道破，好讓學生照單全收，結果反而失去學習的歷程，教學效果也就大打折扣。我常聽到老師訓示學生說，「要有禮貌，這樣才有好人緣」、「你要有恆心幹下去，它是成功的憑藉」、「你要有公德心，這是現代公民的責任」等等。但你也必然發現，我們的國民禮貌，實在無可恭維，公德心更不當一回事。試想，當你看到市民蠻橫地擠公共汽車，開車子的紳士卻不守道路交通安全規則時，你能說他們的老師和父母，從未教給他們起碼的規矩嗎？

生活態度與德行不是用知性化的理解培養出來的。許多人說，現代人缺乏道德觀念。我認為，道德觀念一點也不缺乏，真正缺乏的是實踐的能力與智慧。今天的教育，太偏重知而忽略行；太強調知識而不重視在生活中實踐。最近，我與兩個念國中的兒子討論學校應如何加強生活教育。他們對我開玩笑的說：「老爹！你是教育專家！你是知道的，教育部可以請國立編譯館，再編一本厚厚的課本，讓學生們讀誦、記憶和考試。最後，讓大家忙得連家庭生活情趣也沒有了。」我知道這是玩笑，但是我們目前的教育不正也是如此嗎？

在教導上，我們很少透過生活的回饋和體驗來建立學生的道德能力和生活態度。我知道許多父母和老師，嘴上說教個不停：要用功讀書！要誠實負責！要放輕鬆一些！這種說教法，即使說破了嘴皮，也達不到真正的教育效果。所以禪家說：

是鬼家活計。

慮而解，

思而知，

如果父母親不在生活中教導子女，只一味要他念書，而不時時透過風趣、規矩和及時的指導孩子應對進退、做家事，就很難培養孩子們主動負責的精神和實踐力行的毅力。

無論是家庭教育或學校教育，最重要的核心問題是培養孩子們的實踐智慧。教育學家把它解釋為一種思考、判斷、探究和實踐的能力。人一旦具備這種能力，就能引發自愛和自動的精神，它是心智不斷成長的動力，也是健康精神生活之所繫。因此，想讓子女有個健康而幸福的人生，就必須從以下幾點去培養他們的實踐智慧。

● 鼓勵孩子讀書，更要鼓勵他們學習做人做事。
● 讀書、待人和做事必須結合起來，成為一個完整而有意義的實踐智慧和能力。
● 要引導孩子自己回答問題，才能培養其實踐智慧。

在我們的社會裡，父母親雖然普遍關心子女的教育，但卻偏重學校的智育，而疏忽全人教育的陶冶。而智育的目標又定位於考試。因此，許多父母親把教育看成學生的成績單，只要有好成績就算受了好教育。這一來，五育均衡的全人教育被犧牲了。孩子們整天埋在書堆，喪失接受生活教育的機會。許多家庭為圖孩子能考個好成績，更把孩子照顧得無微不至。只有讀書，不足以開展智慧，照顧得太多，孩子就會缺乏獨立和安全感。生活的體驗越少，經驗越窄化；多替家裡做些家事，合作分擔勞務，反而使孩子覺得能幹、有用、快樂、有信心。

禪的教導是：「日常生活之中涵藏著珍貴的教導。」如果父母和師長，不注重寓教於生活，所學習的知識，無非是一堆幻夢泡影的東西，那是不實在的。

其次，學習能否具有豐富意義，使學生有通盤的了解、真正受用，就要看所提供的教育是否能把知識、待人和接物完全融合起來。佛法重視「理事無礙」，也就是說，所有的學習必須構成一個完整的意義。這點文化學派教育哲學家斯普朗格（Eduard Spranger）把它解釋為：把知識和經驗的意義，作豐富的把握。

說到這裡，我想起多年前的往事。當時，我的第二個孩子念政大實驗小學三年級，有一天晚上，茶餘飯後的時間，他很仔細地告訴我吳郭魚的引進，魚在水中游泳的動作和優美。又說到魚器官的功能，最後還告訴我魚肉的鮮美。我很驚訝於他所知之多，而且實際有系統，於是問他怎麼會知道得那麼多。他說：

「今天上自然課，我們分組觀賞吳郭魚，五個人一組，既好玩又有趣。我觀察得很仔細，連呼吸、尾和鰭的擺動，游泳的姿勢，都看得很清楚。」我接著問道：

「你又怎麼知道魚的內部構造和器官呢？」

這時他張著一雙亮麗的眼睛說，在他們充分觀察魚的外形、揣摩魚的游泳動作、欣賞魚的優美線條之後，老師教他們如何迅速讓魚窒息，減少魚的痛苦，如何放在鍋子裡煮清湯，接著仔細品嚐吳郭魚的鮮美肉質，邊吃邊觀察器官和骨頭。我聽著，聽著，自己也融入那驚奇與穎悟之中。

當時我為了使這個生動的教學能擴充其廣度和深度，讓孩子能把握更深更豐富的意義，所以又問道：

「那條活跳跳的魚，後來哪裡去了？」

孩子說：

「被我們幾個小朋友吃光了！」

我接著問：

「這樣就結束了嗎？」

這時孩子疑惑地看著我，顯然不知道如何回答我的問題。稍停片刻，我對他說：「要記得感謝師恩，因為他教給你驚奇、探究、實踐和領悟，也要感謝那條活生生的吳郭魚，因為牠現身說法，啟發你了解自然的神秘與完美。」孩子點頭笑了。他的笑似乎包含意義豐富的完整學習歷程。

最後，教導必須能引發學生自己回答問題的能力。一個稱職的教師或父母，必然要引導孩子主動求知和尋找答案的能力。被動的學習，對孩子心智成長並無實益，死板的記誦，無法產生實踐性的智慧。

美國北卡羅來納大學威廉斯（H. Williams）教授，對他所任教的哲學課考試，有其獨特的看法。如果你照他所說的作答，一定得不到好成績。有一次，有一位學生抱怨說：

「老師！我寫下的答案都是你課堂上講的，一個字也沒有改，為什麼得不到甲等？」威廉斯教授的回答是：

「那麼我問你，我吃一頓飯，你得到了營養嗎？這次考試，我要的是你們的省發和意見，我的意見我自己早就知道了。」

威廉斯不愧是一位傑出的教育家，他深深的了解教學的目的在於發慧，而不是記誦。禪門又何嘗不是一樣呢？生活的智慧，必然要建立在「自性自悟」上，如果孩子不能自己反省思維，不能在生活中觀察省悟，他所學習的一切知識都不能有益於生活，這將導致生活的潰敗。

唐朝的洞山苦苦要求他的老師溈山為他解釋醒覺之道，溈山對他說：「我父母為我生的嘴，不是用來替你解答疑情的。」

香嚴未悟道時，也乞求他的老師溈山為他解說生活之道，而溈山總是說：「我說的是我的答案，對你沒有什麼幫助啊！」

經過一番波折和歷練參學，香嚴自己悟道了，當下他感激師恩：「老師啊！要是當時你為我穿破，我怎能有今天這麼徹底的發現呢？」

禪家總是苦口婆心地引導學生獨立思考，去破解疑惑，而不讓學生撿現成的答案。反觀現代的教育，則往往疏於實踐智慧的培養。我常常想著，校門口寫著「做一個堂堂正正的中國人」，真能培養出堂堂正正的中國人嗎？教師們把學生集合起來，訓誡他們一定要守紀律、負責、講公理，這樣的說教，可以孕育高貴的情操和民主態度嗎？我也常常想，用一隻鈍拙的斧頭，能精雕出綻放光芒的明珠嗎？很明顯，那是不可能的。

所以我們要透過禪的智慧去教導學生，啟發子女，要讓教導落實在日常生活中，才能引發孩子們實踐智慧的開展，也是我們能給下一代最珍貴的般若明珠。

信心的智慧

一般人認為信心是一種心理現象，或者把它解釋為一種道德規範或必須恪守的生活律則。我認為這並沒有把信心的本質和內涵，作完全的把握。事實上，信心是一種生命力，同時也是生活上珍貴的智慧表現。人的一生有了信心或信仰，必然能生活得穩實有力。生活有了信心，做起事業就能把握原則，是非分明。學習有了信心，就能鍥而不捨，一定會有成就。所以教育之先，必須先培養信心。

禪門很看重信心的培養，《華嚴經》上說：

信為道元功德母，
能養一切諸善法。

它是成功人生的基礎，是孕育生命活力的泉源。所以，我們不妨把信心視為一種精神生活的智慧。教育上，在啟發思考之前，必先建立信心，在教導待人接物之前，也要先陶冶信心。由於它與精神生活息息相關，與圓滿的人生不可分離，所以唐朝僧璨大師的《信心銘》中說：

信心不二，
不二信心，

言語道斷，
非去來今。

信心這種人文生活的智慧，是在生活中直接表現出來的。它決定了精神生活的品質，也決定事業的成敗。它不是用語言傳遞的知識，不是用熟讀和記誦所教得來的。當然，這也不是時間上過去、現在、未來所刻意要表現的道德規範，而是瞬目揚眉之間，與生活完全相融，自然流露出來的。所以，只要你刻意想使自己有信心時，信心總是不夠渾厚實在。

因此，做為教師和父母，必須重視孩子們信心的培養。星雲大師期勉佛光山弟子的工作信條就是：

給人信心，
給人歡喜，
給人希望，
給人方便。

其實，這四點就是教師和父母培養孩子信心和人生智慧的方法。孩子們要在成功的經驗中建立信心，在多方面的學習和試煉中增長信心。孩子們信心的成長要從生活與工作中培養，從易而難，由簡到繁，由近及遠。它要從家事做起，從待人接物做起，從學習上的點點滴滴做起，當父母親能引領孩子，多嘗試，少責備；多指導，少批評，孩子就很容易建立信心。

鼓勵孩子自己去試探，很容易培養主動歡喜的幹勁，這是培養信心的第二種妙方。ＩＢＭ公司前任總裁湯馬斯•華生二世（Thomas J. Watson, Jr.），在他所寫的《父子公司》（*Father & Son Co.*）一書中說：

「父親從不刻意教我經營之道。他希望我有更多自由作決定。但在同時，我也必須為每一件須經他批准的事上據理力爭。我知道父親在考驗我、鍛鍊我，讓我學習成功的智慧。」他靠著父親給他的信心和歷練，在他父親過世之後接管了ＩＢＭ，而這個公司迄今卻成為世界性的大企業。

有希望的人一定會有信心，有信心的人也必定充滿希望。教師和父母必須了解，希望是自己發現的，而不是別人指定的，發現希望的動力就是信心。因此，能給孩子信心，就等於給了他成長的希望、生命的希望、幸福的希望。成人不可以拿物慾來引導孩子，因為那會誤導成為慾望，反而失去真正的希望。

最後是方便，有方便才有善巧，有方便就有貼切的啟發。我們能給予孩子學習上的方便，適應孩子的需要，力求變化彈性，配合學生的需要加以指導，都是方便權變的做法。教育的真諦是：教學的措施是為了適應學生成長的需要，絕非強制學生來順從教學的措施。

教導的旨意在於啟發學生，使他有信心，有興趣，肯自動學習，從而開展他的潛能和智慧；而不是把學生教成會讀書而不懂求知、會考試而不懂生活的書蟲。信心的背後是一種安全感；經常遭遇挫敗，受到過多的批評和凌辱，失去安全感，沒有機會伸展自己的才能等等，都會嚴重破壞孩子的信心。因此，師長要多方維護孩子信心的成長，這樣才能培養堅定不阿、剛強有力、能力行悲智大願的人。

真正的信心不是建立在依賴權威之上，而是一種能自我肯定的開悟。這種對生命的開悟，是自由的，是能從許多障礙和誘惑中解脫出來的正信。它使自己能更自在，更接近真理。難怪唐朝的仰山禪師對他的老師溈山禪師說：

「我連信仰都不要。」

於是溈山問說：

「你是信之後才不要它呢？還是不信才不要它呢？」

仰山回答說：

「除了我自己之外，還能信個什麼。」

禪家所謂的信心，不是對權威的盲目信從，不是自大和自我膨脹，更不是挫敗後神經質的迷信。真正的信心是源自內在心靈世界的反省、覺悟和肯定。透過這樣的信心，才接觸到生命的第一義諦。這才迴向過來，能實實在在的去過理智的生活，同時與佛的精神法界相應。

信心顯然是要從日常生活中培養，形成一種肯定、安全感和積極的態度，最後形成一種剛強的生命智慧。我認為培養孩子的信心，要從以下幾個方面著手：

- 鼓勵孩子發揮優點，改正缺點。
- 培養凡事預作準備的習慣。
- 在孩子心中建立健康的自我形象。
- 培養自信信人和喜歡別人的態度。
- 引導孩子勤勞做事的習慣。

●陶冶正確的宗教信仰。

每個孩子都很聰明，只要你能看出他們的優點，信心之火即可引燃，脫穎而出。世有伯樂而後有千里馬。只要你稍加留意，就可以看出各個孩子本有的才智。有一位老師為一名頑皮的學生大傷腦筋。他的學業水準低落，鬧事，以大欺小。有一天，老師請他幫忙收拾辦公桌，他不但把桌子整理好，而且把桌子移動另一個角度。並對老師說：「老師，桌子移動一下方向，顯得氣派，你看！光線也好多了。」

老師新奇的坐上移動後的位置，對他表示滿意和感謝。第二天，這個頑皮的學生又建議老師，重新布置他們的教室。老師同意他的建議，由他負責策劃並指導他徵詢班上同學的意見，提出計畫。一星期後，班上煥然一新，頑皮的孩子也泛著自信的爽朗。老師能給予學生自我肯定的機會，學生就可以發展潛能，所以禪家說：

灼然一切處，
光明燦爛去。

讓孩子看出自己的優點，就是佛光普照；佛光普照之處，缺點也會轉變為光明的助緣。培養孩子凡事預作準備的習慣，信心就會自然的建立起來。

人之所以缺乏自信，是因為對眼前的事情缺乏了解，而引發不安的感覺。因此，無論家庭教育或學校教育，都要培養學生「預備」的習慣：讀書要預習，考前要充分準備，參加一個活動也要事先蒐集資料。就成人而言，參加一個會議要準備，赴國外考察要先閱讀基本資料，參加一個餐會也要有所準備。

許多人曾疑惑的問我，去參加一個餐會，看一個很少謀面的遠親，為什麼要準備呢？我的答覆很簡單，如果你不知道共餐的人的基本生活資料，就會因為無話可說而尷尬，說話不切題而覺得窘迫，氣氛也不熱絡。最後，你會敗興而歸。類似的經驗是使許多人對於交際活動卻步的原因。準備可以使你胸有成竹，信心倍增。禪家說：一切現成。

但如果沒有一番修行和預備的學習功夫，那來的「現成」呢？

給孩子成功的經驗和溫暖是很重要的，這正如同時要給他必要的生活磨練一樣不可或缺。給孩子成功的經驗和溫暖，是要在孩子心裡深處打下建全的自我形象，給他一些工作上的磨練，是要發展他的承擔能力和責任感。給孩子成功的經驗，就是給他自尊；讓孩子承擔責任，就能使他多才多藝，這是信心的來源。

企業界用人，普遍主張從基層幹起。從基層幹起，做起來容易成功，多學些成功的經驗；由基層做起，各種磨練考驗增加，將來才有信心堪當大任。禪家重視基礎生活的磨練，幾凡挑水、劈柴、知客種種工作都要磨練，因為道就在這些紛繁的生活與工作之中表現出來的。禪門的教育信念是：

潭深魚聚。

經過多方面的學習，知識有如深潭，種種的見識就像群魚一樣活絡浮游出水。沒有經過艱困就沒有入木三分的體驗，缺乏生活的挑戰就不可能有好的信心。請注意，禪家的妙語：

伸腳就在縮腳裡。

不過，師長們一定要記得，對孩子的歷練，需要你多方面的指導、鼓勵和支持，這才是真正的愛。

培養子女對人的信任，也是教育上重要的一環。能清醒與人建立互信，自己才有安全感，才有和諧人際關係；它影響子女未來的家庭、婚姻、社會適應。現在，由於綁架犯罪太多，師長對孩子，普遍在教導防人之心不可無。但若過於危言聳聽，做了過當的暗示，孩子的心理健康和安全感將會受到危害。我們要教給孩子健康的一面，當然也要教給他防範的消極面。但要立足在積極面上才行。

最後，信仰可能是當前教育最缺乏的一環。我們把信仰含糊籠統地視為宗教迷信。於是，正信的宗教信仰，隨著封殺迷信的強制性意識，被摒除於教育之外。正信的宗教理念和信仰被遺棄了。人們天生所需要的宗教信仰，開始盲目移轉。在宗教自由的條件下，不少迷信的神壇或寺廟，反而誤導了信仰。而正信的宗教，包括佛教、天主教、基督教、道教等，反而沒有發揮應有的教化功能。我們社會的宗教活動，脫離不了怪、力、亂、神，甚至是一種精神困惑的反應。

因此，正信的宗教清流，有必要介紹給新的一代，讓他們接觸生命的本質，看出人生的崇高意義，給予光明的生活引導和待人處世的基本態度。

宗教給予我們安身立命的精神力量，它不是一種強制的教導，而是在生活中的薰陶。正信的宗教情操，促進個人精神生活的成長與圓滿，它能給孩子一項人生的最大財富。在價值紊亂、世途險惡之中，我們離不開苦難與迷失。只有透過宗教的信仰，才有個真正皈依處。清素禪師說：

世界是佛魔共有的，
最後放下時，
要能入佛，
不能入魔。

信仰所能給我們的是生命的終極關懷——成佛——一種精神法界的生命延續，要趨向善良和慈悲。

我認為信心是精神生活的智慧，有了它，無分男女、老幼、貴賤、貧富，都能得到安穩和悅樂。教育一定要重視信心——自信、信人和信仰，這才能給下一代一個清明的人生坦途。

否定的智慧

我們除了要教導學生信心之外，也要教給他們「否定的智慧」。

在日常生活中，我們習慣於用「是」來表示肯定和支持，用「不」來表示否定與反對。在語言使用上，我們有了刻板印象，總覺得否定是很難為情的，是跟別人過意不去的，不合作，不成全對方的。肯定則表示自己識大體，支持別人，個性大方而隨和。於是，許多人礙於情面，為了保持自尊，經常因為不便說一聲不字，使自己陷於困擾和窘境。

人總是不便婉拒朋友，才會跟他們一起廝混。不能勇於說不，而使自己失去做人的原則。不好意思表達自己不同的看法，造成無謂的損失和困局。事實上，否定的意識一如肯定的意識，同樣具有積極的意義，都能促進思考的清醒、個人的獨立和自由。所以說，肯定與否定是平等的。教導學生時，兩者不可偏廢。

禪家經常教導弟子透過否定去尋找肯定。他們訓練弟子否定自我中心，而促進自我了解，提升自己的感受性，發揮清醒覺察的能力。人總是在拋下對面子和尊嚴的顧慮時，才有幾分自在、少許自由和清醒的思考。因此，唐朝的趙州禪師，最常用否定的方法來啟發學生，特別是弟子們問到什麼是道或什麼是成佛的根本法門時，他總是說：「無！」他回答的「無」，不是表示沒有答案，而是「無」這個否定的智慧就是答案。他要你否定一切成見、一切偏見、一切刻板印象，那就能張開法眼，看到最清楚的答案，這時看的人和被看的對象，都處於最真實的「如來」狀態，亦就是人類智慧流露和展現的時刻。

「無」這個字表示不要被別人的意見所左右。如果一個人很容易被別人的批評或消極性看法所感染，就會打擊自己的信心和豪情，放棄自己秉持的原則，而走向失敗之路。反之，若能否定別人的冷言冷語和消極性批評，就能堅持理念，創造新機運。

日本新力公司的締造者盛田昭夫回憶道：「新力公司在一九五七年便向美國貝爾實驗室買到電晶體的專利，我們不斷開發新的電晶體，同時也開發了小型收音機。我以銷售員的身分，信心十足到美國推銷自家的收音機。差不多同時，美國有一家公司比我們先製造出電晶體收音機，美國公司也派員推銷產品。當時的收音機有真空管擴大器，加上使用大型喇叭，音響有分量，能發出好的聲音，消費者對於小收音機興趣缺缺，於是美國公司停止生產電晶體收音機。但是日本新力卻繼續努力開拓市場，我們發現同一個時段有許多節目，所以以『一人一台收音機，好收聽自己喜歡的節目』為號召，在推銷上獲得成功，而行銷世界。」

新力公司在聽到消極的反應時，領導人深通禪家所謂「無」的否定智慧，不受它的影響，而睜開自己的慧眼，冷靜的創造市場奇蹟。而美國公司卻接受了消費者的刻板印象，不懂得去改變消費者的觀念，這就是成敗的分野了。唐朝牛頭法融禪師說：

無心恰恰用，
常用恰恰無。
今說無心處，
不與有心殊。

禪門所說的「無」即是否定一切刻板的意識情結，用活潑的「心」去待人處事，所以是「無心恰恰用」，而最恆常可用的心卻來自「無」。在這種心境下，「無心」與「有心」並不是絕對的殊異，而是一體之兩面。這是我們所要教給學生的。

於是，我把「無」這個開啟智慧的禪家妙方，取個名字叫「否定的智慧」。它是以否定來發現肯定，以消除塵垢來看清事理，以淨化自心來顯露智慧。這個無心妙方要從以下幾個層面去努力：

●否定貪婪才能展現卓越的潛能。
●否定對尊嚴的執著，才有自由的判斷。
●否定消極的念頭，才衍生積極的態度。
●否定刻板的思考，才能孕育創造的智慧。

貪婪是一種精神生活的病毒，一旦侵入人的思想，就會破壞他的正常思考，老想著投機取巧，來滿足無限的野心和填補無盡的慾望坑洞。我們的社會，貪婪的病毒正流行著。慾利所在，趨之若鶩，把生活看做滿足慾望的手段；把經營事業的理想，扭曲為發財佔有的伎倆。為了錢，有些人可以放棄經營已上軌道的事業，一賭發財的美夢。人總是在貪婪時，最容易被引誘上當，最容易本末顛倒，只有把貪婪的惡習戒除，才能踏實地成就事業，過成功的生活。因此，破除貪婪的奢靡，是當今教育的首要工作之一。

其次，每個人都愛面子和排場。這看來很像是自愛，事實上，愛面子往往使自己沒有勇氣認錯，而堅持錯到底。為了顧及顏面，強撐著承擔自己負荷不了的工作，更是愚不可及。人總是在貪榮冒寵時，才把自己的生活糟蹋得緊張忙亂。禪家總是提醒大家：

人法雙淨，

直心真實。

人唯有把愛面子和追求別人讚美的虛幻之心放下，不受它的干擾，自己才能自由的思考和判斷。無論處理什麼事，只要從自家顏面去考慮，心理負擔自然沉重，做起事來不免虛偽不實。因此，你必須用否定的智慧，把自己追求顏面和虛浮不實的壞習性破除，這樣一顆明辨事理、謙虛求教之心也就自然展現出來。

有智慧的人重視的是真實，愚蠢的人眷顧的是顏面。教學要注意避免誤導學生流於愛面子的虛榮。

其三，消極的念頭可能是精神生活最頑劣的毒素。消極、逃避、絕望和心灰意懶的意識，可以毀掉一個人的前途，貶抑其豪氣，破壞其健康，斲喪其生機。人在逆境的時候，最容易產生消極的念頭。重病的人，只要一念絕望，病毒就加速吞蝕他的寶貴生命。事業失敗的人，憂鬱的情緒可以摧毀其東山再起的豪氣。自怨自艾的人，悲觀的意識，使他抑鬱終生。

消極的意念是精神上的貧血，它使人感到無力和暈眩，前途一片茫然。這時，你要用一聲「無」去否定它。你有沒有聽說過：

禪門一聲無，

雲破月圓時。

驅走了消極的心念，心裡便能油然浮現積極與振作的力量。

最後，每個人都要提防自己的刻板思想。禪家所謂「無常」是指時間、環境、潮流、意識形態、經濟生活和文化社會的不停變化。如果以刻板的意識觀念去適應無常瞬息萬變的大脈動，終究要被淘汰的。因此，要培養自己否定既有的刻板觀念，努力充實求知，要有廣博的知識和見聞，也要有多方面的參與和經驗。

所知越少，越容易陷入刻板的狹隘思想，所知越多，越能虛心求證、客觀落實。因此，否定刻板的思想不是要學生不讀書、不思想、不歷練，而是要他們精進的打起精神，多讀、多看、多聽和多參與，而後從中孕育自己的創造性思考；從許多經驗和知識中解脫出來，形成真正有用的智慧。牛頭法融禪師說：

不住空邊盡，

當照有中無。

打破刻板的思想觀念，不是叫人什麼都不學，而是要人從許許多多的知識和經驗中，觀照出智慧，而不流於食古不化的刻板。

禪門所揭示的「無」，是一種孕育生活智慧的微妙法門。禪者在「無」的參究和訓練中，否定一切障礙，而令自己優游於正念之途，這樣才能自由獨立思考，綻放智慧之光。

教師務必要教導學生在紛擾多慾的社會中，及時知道自拔，否則很容易經不起引誘而誤入歧途，教導上，最好的方法就是訓練學生參一個「無」字。用「無」來否定誘惑，排遣煩惱，解脫干擾，泯除消極和怠惰。從而培養其心平氣和、積極向上的志氣。《大學》上說：

知止而後有定，
定而後能靜，
靜而後能安，
安而後能慮，
慮而後能得。

禪門的「無」字正是上開精神的表現與實踐，它給予一個人否定的智慧，有能力去除執心，讓自心中的良心和智慧得到展現。

當前的社會價值觀念紊亂，物慾橫流，資訊傳播無處弗及，各說各話，莫衷一是，如果不培養學生「否定的智慧」，將來就無法做正確的抉擇。

現代的教師和父母，要注意培養學生否定的智慧，否則他們會迷失在自由社會的迷宮之中，看不出正義、真理和慈愛的人生坦途。

應變的智慧

教導下一代適應環境的變遷，是教育上最值得重視的一環。

在高度工業化的社會裡，社會變遷是迅速的，人無時無刻不是生活在變動的情境中。周遭的環境在變，經濟生活方式在變，思想和情感也跟著變。佛家說生活的本質就是無常，而我們的智慧和心力就是適應無常的憑藉。同時，正因為能適應無常的變動，自己的智慧才有所增長。無常的變化、種種的打擊、形形色色的遭遇都是促進智慧增長的因素。禪家因而認為無常本身就是一種生命的實現和智慧。因此如何教育一個人在無常多變中成長至為重要。

人注定要在苦難中成長，從巨大的心理壓力中超越，由惡劣的環境中脫穎而出。任何一個人都會遭遇到失敗和挫折，也許是失業的落魄，學業上的挫敗，愛情上的失意，家庭生活的悲鬱。只要能挺得住，願意去控制當時的情緒和衝動，就能冷靜的發現新機。請仔細回想自己過去的經驗，哪一次難關不為你帶來豐碩的收穫，不為你帶來智慧的成長，宋朝宏智禪師說：

六塵昏擾，

世界崢嶸。

只要能保持清醒，維持積極的生活態度和信心，不要被消沉的思想所左右，必然能夠安然度過困境，這就是禪定的功夫，是福慧增長的根源，更是我們要傳授給下一代的智慧。

人最忌諱在遭遇不幸的時候，對自己的強烈情緒失去控制，驚慌失措，以致把困難和不幸誇大，造成強大的精神壓力，導致思想的萎縮和紊亂，這就有了精神崩潰的危險。有一天，一位媽媽打電話給我，她劈頭一句話就說，「我活不下去了，我想自殺。」接著卻一句話也說不出來，從電話筒中傳來的只有哀傷和絕望的啜泣。後來她告訴我，「我的兒子令我絕望，他在校成績絕大部分不及格，國英數等重要科目，只考個位數的成績。我想盡辦法幫助他，總是失敗，他注定沒有前途，我也絕望了。」我深信，當一個人把部分的挫敗誇大成全部的失落時，就像一瓶墨汁污染一缸水一樣，再也看不出清澈的部分，那就會絕望。

絕望令人窒息和厭世，也是令人瘋狂的原因。透過諮商，這位母親發現到自己兒子滿聽話，長得高壯，沒有學壞，看到這些優點，於是情緒開始轉趨平靜。人總是著眼在失去的東西，才感到絕望，若能回看自己手中所有的，又開始萌生希望。

絕望顯然是用消極的念頭去看自己的遭遇所導致的迷失現象，有一位先生因車禍而鋸斷一隻腿，他幾乎無法接受這個事實，每天憂鬱，情緒低落，自怨自艾。後來，當他發現除了一隻腿之外，其他部分還是很健康時，他開始有了新生的念頭。

禪無非是要教導一個人去看出生活的光明性。人一旦綻露著自性光明的力量，就可以活得起勁，活得達觀，恢復信心，努力克服當前的困境。唐朝馬祖道一禪師有一次生病，弟子們問候他說，「和尚近日尊候如何？」馬祖回答說：

日面佛，

月面佛。

左眼是日面，右眼是月面；和尚雖然生病，身體不適，但還是很平常的有如日月一般，以「天行健君子自強不息」的態度生活，用日月一般的光輝來待人處世。

在佛經的象徵式語言中，日面佛代表光明的覺性，這個積極的心意力量，就是阿彌陀佛的法性，它的光明像太陽的能量是一切生命所依託。月面佛代表潔淨澄澈，它使我們冷靜清醒，令我們不被火辣的情緒和熾熱的急躁所吞蝕。這種「月燈三昧」，正是彌勒佛的法性。有了冷靜閒適的月光和清醒，就能夠孕育明月太陽一般的光明，遍照自己的人生，使自己活得朝氣蓬勃。禪家把人生的真理解釋為：

日照晝，

月照夜。

人需要學習用積極光明的態度去看種種無常的變局，努力克服困境，力求精進。但是這個光明的力量，卻來自清醒冷靜的心情。就好像要經過月夜般清靜的睡眠，把種種紊亂的情緒和思想統統放下來，充足的睡一覺，才有隔日的活力和力勁。這是教導時所應留意的。

生活是不容許用消極的念頭去看待的。在無常的生活中，無論困難是什麼，都必須去承擔，去克服，去設法改善，苟或不然，就會造成情感或情緒的困擾。人只有面對困局，實事求是，生活才有幸福，心情才能安泰，智慧才會展現，禪家說：

三世諸佛，

向火焰裡轉大法輪。

教育的主要職責是教育人在種種困局中實現人生，在波折和失敗中發現智慧，在困難重重中找出成功的經驗。也許現在你要問我，怎樣教導火焰中轉大法輪，好穩定他的思想和情緒，增強其應變能力呢？我認為父母或教師應教給孩子以下幾種能力：

- 控制緊張，排除一再重複的消極性想法。
- 避免生活紊亂。
- 認清事實做成決定，避免用感覺做判斷。
- 採取行動，保持樂觀。
- 要有信心和信仰。

人在遭遇巨變時，情緒即刻陷入衝動或紊亂，隨即全身肌肉也就緊張起來。這兩者交互影響，使人更加心煩意亂，甚而導致精神崩潰，無法處理事情。因此，在不幸遇到巨變或困局時，要能控制肌肉不緊張。須知身心是互相影響的，如果能放鬆肌肉，心情上的疲竭狀態就不易產生，放鬆肌肉最好的方法是散步、運動、做一點體力的勞動。能維持心智的鎮定，才能客觀的認清事實。

其次，大部分的人一旦遇到變局，比如說深愛的人去世、得了不易治療的疾病、失業等等，都會深覺痛苦，甚或精神委靡不振。這時，如果生活不能維持正常的運作，情緒健康將大受影響，以致振作不起來，若要扭轉困局就要有一點豪氣，不要整天陷在愁雲慘霧之中，要照常工作或正常的起居，才能分散憂鬱。記住！正常的起居和生活，可以幫助人擺脫消沉的心情，孕育新生的活力。

第三，處理任何事情，不可憑感覺作判斷；在情緒低落、懼怕和不安的時候，感覺往往是扭曲事實的想像。因此，不可以一廂情願的相信自己的感覺。自己所感覺的憎恨、厭倦、孤立無援和失望，只不過是一種不確實的感受。只有遠離這些感覺，才可能面對事實，了解真相，看出希望，做正確的抉擇。

第四，遭逢不幸的人很容易萬念俱灰，無精打采，即使有所決定，也不能付諸實踐，那就會使他愈陷入困境的泥淖。實踐的動力是樂觀，當自己在認清事實、做完決定之後，就要對決定保持樂觀，要從好處想，才能鼓勵自己，振作精神，培養活力。心理學的研究告訴我們，樂觀的人總比悲觀的人善於應變和解決問題。要常常提醒自己，「我知道我辦得到，我現在就去做！」

最後，信心和信仰可能是應付巨變和困局最重要的因素。信心是一個人對前途抱持肯定態度的情操，能帶來熱情和毅力，給自己安全感和堅持的勇氣，無論做什麼事，只要有十足的把握，根本沒有信心的問題。一個面對困局必須在艱難中突破瓶頸的人，才真正需要信心，但這時的信心是多麼難得呢！因此，克服困境所必須的信心，除了充分的準備與努力之外，更需要有宗教的信仰，它是一種高級宗教的正信，它給我們一種崇高深邃的精神力量。當佛或神與人同在的精神力量，發生在自己身上時，即刻領悟到生命的價值和微妙的啟發。因此，人在平時就要培養宗教信仰，有宗教信仰的人是有福氣的。

人生是無常的，隨時都可能面臨困局或巨變，只有懂得教給孩子禪定之道，將來他才有智慧去應變，也唯有讓孩子懂得「在火焰下轉大法輪」的道理，才能增長其智慧，過有活力、有朝氣的人生。

教育一定要重視培養個人的應變能力，因為它即是智慧和生命力的本身。

4 自動自發的性格

自動自發的孩子無往而不利，他們兢兢業業的學習，踏踏實實的工作；他們的適應力強，身心的發展也好。光明的前程是屬於自動自發者的。

師長能給孩子最珍貴的禮物就是培養孩子積極向上的精神和自動自發的態度。孩子如果能成為一個自動自發的學習者，他的知識會不斷的累積，思考會日益周密，能力也將一天天增強。

自動自發也是一種智慧，它是每一個孩子本自具足的，但父母和老師必須透過維護自尊、支持與鼓勵，以及情操的培養，才能把這分與生俱來的光明性導引出來，成為生命的光輝、成功生活的導航。

好奇是天性，是學習的動力；思考覺知是天性，是心智成長的根源。《六祖壇經》上說：

何期自性本自具足，
何期自性能生萬法。

每個人都有聰慧和自動自發的自性，只要做適當的引導，都可以展現出來，成就光明的人生。這不只是禪家這麼說，心理學家也持相同的看法。

每個孩子生下來就具備試探和好奇的天性，後來他們之所以失去這股自動自發的動力，主要來自障礙。這些障礙可能源自成人對他的壓抑，對他好奇和不同思考的譴責、批評或禁錮；可能源自縱容孩子，任其撒野，而沒有得到大人明智的引導；也可能是過度的保護和溺愛，使他們失去嘗試、負責、歷練和接受挑戰的機會和能力。老師和父母若能排除障礙，給孩子適當的指引，那麼自動自發的慧性，自然日日增長。

六祖慧能說：

化導令得見性。

教導的主要目的就是引導孩子本自具有的自發性。這必須對孩子作正確的啟發，提供各種經驗學習、豐富的知識與歷練。

我認為一個人是否能過成功的生活，端賴他是否具備自動自發的慧性。自動自發不只是一種習慣或態度，而且也是一種能力，一股向上成長的勁兒，一種能待人處事的智慧。所以我說它是源自人類自性的光明力量；能使人振作、鍥而不捨、接受挑戰、思考學習及心智成長的積極性。

教育的重點應該不是強迫孩子名列前茅，不是強制孩子去爭取高學位或高學歷，而是培育孩子展現他自性中向上的精神力量——一種自動自發的慧性。依我的觀察，自動自發的孩子無往而不利，他們兢兢業業的學習，踏踏實實的工作；他們的適應力強，身心的發展也好。光明的前程是屬於自動自發者的。

具備自動自發能力的人，任何惡劣的環境都埋沒不了他，即使少年失學，也能自修苦學，終究在某一方面斐然有成。失去自動自發能力的人，即使父母親使盡心血，讓他擁有學位或財富，他的心智仍是一潭死水，是一個沒有創意的書呆子或守財奴。

在開放的社會裡，生活多變、多競爭、多壓力。消極被動的人，必然覺得無能、自卑和脆弱。他們的生活就有了困擾；也許是心理健康有問題，也許是家庭生活上不能適應，也許在社會適應或工作上有了麻煩。

一個不能自動自發的人，總是不肯自學和自我成長。他們把自己禁錮起來，怕變化無常的社會環境，拒絕去學習新知，接受新的挑戰。在心理意向上，有著強固的自我防衛性，他為自己構築一道牆，說那是自己的為人原則，不願意去了解別人、接納別人，失去好奇探索的興趣。他們只會用自己的想法來看事物，而不願意嘗試從別人的角度去了解事情的真相。正因為如此，他容易退化，慧性漸漸被他的防衛性障蔽。他迷失了，他的清醒和自由判斷也斷送了。繼之而來的是，他必須用許多方式來防衛自己；他維護體面，貪婪的佔有，頑固獨斷，不能接納別人的意見。嚴重的話，他會使用麻醉來忘懷自己；酗酒、吸食麻醉藥品、沉迷於賭博等等，都是失去自發自動的慧性所致。

有一則故事很能發人深省：

有一天住在海裡的榮螺和鯛魚在一起聊天。榮螺展示牠的硬殼，露出得意的神采。鯛魚也對牠表示讚美和羨慕。榮螺正在誇耀自己的殼有多強固時，聽到一陣危險的訊息。

鯛魚說：「有危險，我沒有你強固的殼，必須查明真相。」然後游開了。

榮螺卻很自負的說：「我有堅強的外殼，怕什麼！」於是把大門一關，不管外頭的動靜。

過了很久，榮螺想危險應該過去了吧。於是打開門，探頭看看。這才發現自己竟然被漁夫捕到水族館裡了。他正面對著一條大街，再看個清楚，水族箱上還寫著榮螺的價錢。

教育不是要給孩子像榮螺一般的硬殼或給他死的知識、學位和財富。而是啟發他們活潑的思考、自動自發的慧性和積極的光明性，這就是禪家所謂的見性。

自動自發的慧性是點石成金的手，教育的目的是培養那隻能點石成金的手，而不是教他貪婪地佔有黃金。黃金是死的，是會用盡的，是容易被偷盜的；點石成金的手是活的，是處處方便可用的。所以教育首要在引發一個人自動自發的慧性，培養自動學習和上進的態度。

積極的思想與態度

在佛經中，常常討論到佛陀放光的事。佛是醒覺，光是明亮；人一旦清楚的觀察和思考，清醒的待人接物，就同時有了光明的人生和生活態度。我認為佛所放的光就是積極醒覺的思想或態度。

每個人都要在光明中成佛，在成佛之中不斷綻放光明的思想，照亮自己的人生，同時照亮別人。積極思想引導人自動自發；它使弱者強，病者癒，庸者慧，愚者明。

有一位朋友說，他曾經是一位消極的人。在年輕的時候，由於經商失敗，一貧如洗。有一天，他徘徊於公園裡，神情頹廢沮喪。有一位卜卦的老先生為他看命，道破失敗的原因在於心神不定和好大喜功。老先生說，他可以替他解厄，只要跟著他走就行了。這位年輕人將信將疑，跟著他走。老先生一句話也沒有說，只是抬頭朝公園的樹梢到處張望。驟然老先生停了下來，指著樹上的毛毛蟲說，「你看到沒有，他一拱一伸，一拱一伸，那就是你成功的秘訣。」老先生告訴他：「三心兩意會蹉跎歲月，喪失機會。心懷野心，想一蹴而幾，往往使自己陷於絕境。你要像毛毛蟲一樣，點點滴滴的努力，不積蹞步是無以至千里的。」談了一會兒話，老先生又指給年輕人看，「沒錯吧！那條蟲子已經爬得很高了吧！這就是你的命，你一定可以出人頭地。」他領受了老先生的指導，發憤圖強起來，他成功了。

積極思想使人振奮，使人展露蓬勃朝氣。教育上必須以積極思想作為重要的教學目標。在佛經裡，精進被視為六種成佛的憑藉之一（六波羅密之一）；精進的意義就是勤奮或自動自發的積極思想。孩子一旦具備積極思想，就會表現出專注、肯學和自發自動的態度。

許多父母都希望孩子是自發自動的，所以天天要求孩子自發自動。若有不盡人意之處，即予以訓斥，以為對孩子施以批評、訓斥和叮嚀就可以培養其積極思想和態度，這是錯誤的。須知批評往往造成對孩子的貶抑；訓斥無異養成孩子被動的意識。這對孩子的積極思想是一種傷害。

積極思想是從成功的經驗中獲得喜悅而啟萌；又因為父母和師長的分享而體驗到榮譽感。成功是指自己能完成一件事情，從而克服一次挑戰，證明了自己的能力，心智也向前伸展了一步。成功是從生活中體驗得來的。舉凡遊戲、功課、家事和待人處世，都是孩子爭取成功的機會。所以有經驗的父母和老師，總是在日常生活中，很自然的提供一些機會，讓他們自己去嘗試，予以指導，讓他們自行克服困難，得到成功的滿足和信心。這樣心智經驗也漸漸豐富起來，而成為孩子積極思想的素材。

榮譽感與成功的喜悅是相伴而生的，不過它不是成功本身的喜悅，而是別人分享時的喜悅。師長幫助孩子建立榮譽不是一味對孩子灌迷湯，也不是對他的人大加讚賞，而是要對孩子所做的事予以肯定和讚美，從而與孩子分享「成事」之樂。這才能真正建立一種對事負責、有信心的榮譽感，它是積極思想的火炬。

孩子不斷累積成功的經驗，便有了積極思想的素材；有師長分享他的成功經驗，便有了積極思想的火炬。這就是佛學上所謂的精進。大智度論對精進的解釋是：

於事必能起，起發無難，
志意堅強，心無疲倦，
所作究竟（能圓滿達成），
如是等名精進相。

這段話在於闡明精進的意義就是具備成功的經驗，能主動持續的工作，興致盎然的完成生活上所要做的事。

積極思想必須透過教導和實際的成功經驗才培養得起來。它絕非在孩子面前說一篇大道理所能致之。每個人心中都有一個光明的太陽，它就是法身佛的光明性。它不是用說教的方式所能開啟，更不是高壓強索所能獲得。光明性是在生活的歷練中綻放，在學習的活動中滋長。

然而，現代父母對於子女卻百般的溺愛。他們怕孩子擠公車辛苦，所以，買轎車送他上下學；怕孩子沒時間讀書，一點家事也不敢交付給他做；怕孩子在外頭吃虧，什麼事都為他打點好。結果孩子成了被保護妥當的受哺者。他們失去生活的創意和適應能力；既不能負責，又缺乏積極思想。結果，孩子形成了脆弱的性格：稍不如意就抱怨和逃避；略有挫折便起了反叛和嗔怒。嚴重的話，他們會變得憂鬱和空虛，常常有無奈或欲振乏力之感。

時下有些年輕人顯得消極，所受的心理壓力很大，經不起波折或打擊。心理壓力是指一個人應付新的情境所需要的精神力量和體力。所謂新情境包括環境的改變、挫折、失敗、變故或打擊。更通俗的說，一個人在生活適應上所承受的痛苦、緊張、焦慮和悲傷的總合，就是他的心理壓力。一般言之，積極思想的人，其自我強度較高，自然較能承受沉重的壓力。消極思想的人，自我強度較差，承擔壓力的能量較低。

人的自我強度取決於四個因素：其一是解決問題的能力，其二是他的情緒習慣，其三是對於挫折或失敗的忍受能力，其四是身體的健康狀態。也就是說，這四個條件越好，承受壓力的能量越強。因此，教育上應該培養孩子具備好的自我強度。我認為培養之道是：

- 給孩子自己解決問題的機會：這要從年幼、從小事做起。固然必要時你應給予指導和示範，教他怎麼做，但不能越俎代庖，替他完成。
- 培養孩子多方面的能力和知識：一方面要培養求真的態度，一方面要透過生活教育，培養其解決生活問題的能力和習慣。
- 要避免對孩子作評價式的責備和讚美：要針對事的本身來稱讚或指導。這樣才不至造成情緒困擾和衝突。
- 幫助孩子擬訂符合自己能力的目標和計畫：孩子能建立適當的抱負水準，才能樂觀敬業：否則眼高手低，反而容易變得消極。
- 避免用急躁的態度對待孩子：孩子的急躁和缺乏耐心之習慣，往往是從成人那兒學來的。
- 注意孩子的健康：除了飲食和作息外，要培養孩子運動的技術、休閒和藝術的欣賞能力。

自我強度高的人，有著堅忍不拔的耐力，較能克服困境，排解憂鬱。它像幸運之神一樣，在不知不覺中，引導孩子朝著光明面走去，走向成功的人生。

教育除了要培養每個人的自我強度之外，還要涵養積極樂觀的思想。這才能引導自性中自動自發的光明性，促進其福慧增長。《六祖壇經》上說：

自心地上，

覺性如來，

放大光明。

人透過自己積極光明的覺性去作正確的思考和判斷，就不會被色相所欺，被引誘所繫縛，被煩惱壓力所侵蝕。這就是自己的「如來」在放大光明。

積極的思想使孩子免於學壞，免於步入墮落的泥淖。它幫助孩子建立堅強的毅力，去完成自己所擬完成的計畫。為了培養孩子的積極思想，要從以下幾個方面著手。

維護自尊

就心理生活而言，人們為維護自尊所消耗的精神力量，為數甚是可觀。人為了自尊，要跟別人拚個你輸我贏；為了面子，理虧也要堅持到底；為了名譽，不得不做出符合社會規範的起碼水準。自尊得不到維護，會使一個人變得頑固、不明事理、消極退卻和自暴自棄。得不到自尊的人，往往是防衛性很強的自卑者。

教育孩子一定要注意維護其自尊：給他成功的機會，顧及孩子的顏面，給他伸展自尊的空間。這樣孩子較能自動自發。因此，你不能用貶抑的批評來激勵孩子，那會使他失去自尊；也不能為了一時的玩笑，去損害孩子的尊嚴。要注意！孩子的自尊一旦受損，就會像根部得到病蟲害的樹一樣，繁茂不起來，甚至會枯黃凋零。

最容易傷害孩子自尊的是令他感到不如人。只要你拿他跟別人比較；長他人之氣，滅孩子的威風；孩子很快就會鎩羽而歸，意氣消沉。其實，學校的成績單一直是孩子們很介意的事，特別是把每一位孩子的分數和名次，一起列在一張成績單上，更足以損害某些孩子的自尊。

我相信公布成績可能促進學生競爭用功。但相對的卻助長成績好的孩子，產生自負自傲。對成績不如人的卻造成貶抑。其實，每個人都有他的特長和能力，書念不好並不表示別的能力差。我們的社會需要各種不同腦力、技能和服務的工作者。教育應該發掘每個人的長處，予以肯定和鼓勵。我很懷疑，把一張相同的試卷，發給能力不同的孩子作答，然後排列名次，是公平的作法。我們必須認清考試本身的缺陷，避免考試挫敗而傷及孩子的自尊，進而影響他的自信，壓抑其潛能發展。

我經常看到孩子帶回全班排名的成績單。學校規定要家長簽字、寫意見。每當我目觸到有些孩子多科不及格，或者只考個位數成績，便油然而生憐憫之心。我想著：這些考試挫敗的孩子，是否曾在另一方面獲得成功的經驗？如果老師不能在道德、體育、群體活動、藝術或音樂等方面，提供成功的學習經驗。他們又如何發展自尊，孕育自己的肯定性呢？長此以往，每天都在貶損自信，得不到成功的悅樂下，他們會用什麼方式尋求補償呢？我很擔心這樣的教育所衍生的嚴重後果。

有些家長知道自己的孩子成績雖差，但深信孩子有可資發展的潛能，他們提供適當的指導，給他信心和成功的機會。孩子得到正常健康的發展，這是值得我們喝采的。但是大部分的家長，卻對孩子低落的學業成績露出失望的表情，在言語中有意無意對他貶損。孩子長期受到冷嘲熱諷，怎麼承受得了呢？

求學應該是快樂的，但對於智育成績較差的孩子，卻是一個漫長的苦悶。成績落後已經夠慘，如果連孩子的自尊和自信都賠進去，那不就是反教育嗎？

糾正孩子的錯誤，可以幫助孩子改過自新，這是教導上很重要的一環。但是，指正錯誤若不顧及孩子的自尊，指正往往失去效果。特別是青少年階段，如果不注意同時維護自尊，就不免引起抵制和衝突。

禪家的教法，有時當頭棒喝，有時反詰追問，有時暗示含蓄。暗示含蓄就是為了維護自尊。禪門公案裡有一則故事說，良寬禪師年老的時候，家鄉父老捎信請他回去救救他的外甥。他外甥不務正業，賭吃玩樂，快傾家蕩產。良寬於是千里迢迢回鄉，外甥知道舅舅回鄉，也高興的接待過夜。良寬沒有任何責難，次晨臨走時，他說：「我想我真老了，兩手直發抖，請幫忙把我的草鞋帶子繫上？」他的外甥很高興幫他繫好。良寬又慈祥的說：

「謝謝你，你看，人老的時候，就一天衰似一天。你要好好保重自己，趁年輕的時候，要把人做好，要把事業基礎打好。」良寬禪師說畢，掉頭就走，對外甥的任何不良行為，一句不提。但他的外甥從那天以後，就不再去花天酒地浪蕩了。

就禪的修持而言，自己不能為自尊而追尋、辯解、抗衡、佔有，但在教育上卻要注意給受教者留下自尊。父母切忌以為孩子成績不如人，有損自己顏面，而導致情緒發洩，損及孩子的心智發展。對待孩子一定要留給他們自尊和反省的機會。才能培養孩子的上進心和積極的思想。

許多人以為教導應該嚴格。這個原則固然不錯，但若一味嚴格管教，不講求自尊的維護，往往得到反效果。到頭來不是把孩子教成屈從性格，產生憂鬱怯弱的個性，就是引起反叛與衝突。爸爸看到子女參加大學生群眾運動，氣憤不已，給他一巴掌；子女怒不可遏，也回敬一掌。親子發生這樣的衝突，是很令人惋惜的。追根究柢，是沒有注意維護自尊的結果。

我認為教導從嚴這個觀念必須加以釐清：如果嚴格只建立在處罰、批評和責備上，那會是無效的教導；如果嚴格能在維護自尊的前提下，認真而有耐性的幫助孩子認清事理，改正錯誤，學習新知，那麼嚴格就具有豐富的教育意義。

支持與鼓勵

如果你新種一棵樹，千萬別忘了同時打上木樁。它需要外力的支持，才經得起風雨，獲得成長的機會。

禪家對於弟子是很懂得採用支持與鼓勵的。支持對於學生而言，會像及時雨一樣，適時獲得舒展和成長，帶來信心和主動學習的力量。有一則故事很具教學智慧。它是用象徵式的語言寫的，其涵義即在表達教導者對被教導者的接納與支持，使一個殘缺的人也能因而悟道。這故事是這樣的：

有一次慧嵬禪師在山洞裡坐禪，來了一個無頭鬼要問法，他說：

「你本來沒有頭，所以不會頭疼，真好！」

無頭鬼聽了得悟走開了。

有一次來了一個只有手腳的無體鬼，慧嵬禪師對他開示道：

「你本來沒有身體，所以不會為五臟六腑的疾病而感到痛苦，是何等幸福！」

無體鬼聽後也得悟走開了。

後來許多鬼都來問法，無口鬼前來就對他說，沒有口最好，免得惡口兩舌，造業受罪。無眼鬼來求法就說，沒有眼睛最好，免得亂看心煩。無手鬼求法就說，無手最好，免得偷盜打人。他們都得悟而去。

人也是一樣的，每個人都有其缺陷，學習能力各不相同，興趣、性向、體能亦各不同；每一位學生的資賦各有勝負優劣。教育必須先能支持學生，接納他，肯定他，然後才能引導他學習成長，實現其潛能。

有睿智的老師一定能發現孩子的專長和優點，給他支持和鼓勵。他也能一眼看出學生的困惑、不安和脆弱，及時予以鼓勵和增強。透過支持和鼓勵，才能引發孩子自動自發的積極性。

鼓勵和支持與其說是一種教學方法，還不如說是一種活生生的教學藝術。必須在掌握人性、了解學生和深知教導的本質之後，才能對孩子發出有效的影響力。不過，這種說法太抽象了。我們還是舉幾個重要的原則，供作參考：

- 支持和鼓勵必須有明確的行為目標，不可籠統的加以讚美，也不宜盲目的灌迷湯，這對孩子的心智成長有害無益。
- 支持和鼓勵必須能培養孩子的主動思考和積極態度。因此，你必須先設法使孩子主動表現之後，才對他的行為表示支持和鼓勵。
- 孩子遭遇挫敗、失望、懼怕或退縮時，要先安慰，給他紓解心情的機會，然後再引導他看出希望，重建信心。

● 強制和辱罵是違背支持和鼓勵的教導方式。孩子犯錯也需要支持才能改正；當然不是支持錯的行為，而是支持他改進的積極性，給予改過自新的機會。

● 支持和鼓勵的媒介包括一句讚美、一個獎賞、一次激勵、一個微笑或肯定的態度。物質和獎金雖可用來表示支持和鼓勵，但宜少用。

● 支持和鼓勵的最終目的是孩子的自我實現、獨立自主的思考和健康的人格，而不是一種溺愛的親暱。

我總覺得，我們社會很缺乏支持和鼓勵。慣常的教導方式是利誘和強制，把孩子變成自己的一部分，用自己的目的和慾望來教育孩子。結果，支持和鼓勵的目標是師長自己，而孩子倒反而成為大人為達到自己願望的手段。這只能稱為強制或引誘，而不是真正的支持與鼓勵。

教育的結果如果不是造就了一個能獨立思考的個人，就不是好教育。誠如臨濟禪師所說：

達摩東來，

只是為尋一個不被人惑的人。

如果用支持和鼓勵的手段，來塑造聽話、依順和溫馴的孩子，那麼教育就成為扼殺「覺性」的劊子手。

培養情操

積極主動的態度與生活情操有密切的關聯。所謂情操是指維持良好性情與操守。就佛學而言，情操來自好的生活戒律。恪守生活戒律，無非在促進自我控制，養成好的生活習慣和工作習慣，從而展現成功的人生。

有情操的人才能堅持原則，獨立思考；他們不被利益所動，不受色相所欺。因此情操是一種維繫心智成長的力量，也是幫助一個人走向光明人生的守護神。戒在《六祖壇經》中稱為「戒香」，因為那是一種芳香無比的品德，也是精神生活的至寶。戒幫助一個人離苦得樂，免於墮落，免於鬆懈。守戒，就現代教育的內涵而言就是守紀、守時、守法、守分。其目的在培養一個人具備好的工作能力和習慣、好的適應和生活習慣。

情操可以防止消極，策勵精進，可以有效的適應環境和工作，可以幫助一個人過成功的人生。因此，教育上應重視戒律，並涵養其情操。

有見地有教育愛的師長，必然會在培養孩子的好情操上下功夫。它能使孩子弘毅，令孩子堅強。情操也像抗體一樣，保護著孩子，避免被奢靡的社會風氣所感染。

我們的社會處處呈現色情、賭博、吸毒、犯罪的歪風。為預防孩子走向險途，就必須教給他情操的觀念。特別是最近，一切講究自由化；開放的環境和各種引誘同時出現。人若不能自我節制，慾望就沒有止境；許多青少年就這樣誤入歧途。如果教育界不重視情操的涵養，孩子們將面臨極大的災難。

民主社會的繁榮與進步，是要每個人透過工作來貢獻社會國家。透過知識與民主素養來締造安和樂利。要具備良好的道德情操才能給自己帶來幸福。總此，教育的根本要先培養情操，透過團體紀律和生活錘鍊來培養它。民主必須與紀律情操並存，否則民主會變成雜亂，自由會化為縱慾，開放會變成墮落。

我之所以如此強調情操，是因為它除了具有戒律、紀律和守法的本質外，更重要的是它能對自己產生內在化的價值。情操屬於自己的；它能肯定自己的人生，肯定自己的毅力和意義。它使人覺得光明而有價值。精神生活的價值主要建立在情操上，有情操就顯得神采奕奕，活得振作。它能產生耐力，克服萬難。做到洞山禪師所謂：

真常流注。

要讓孩子們的純真智慧得以流露，潛能得到發展。教師和父母務必在日常生活中培養孩子的情操，讓它伴著心智成長，匯成內在的心志力量。它會汩汩不停地流瀉著道德力量，成為禪家所謂「潛行密用」的實證功夫。

培養孩子的情操，必須從家庭教育和生活教育做起。如果父母親的身教不彰，自己不守法紀，缺乏公理心和正義感，就不可能奠定生活的律則，孕育自愛的情操。同樣的，如果一個社會制度和文化，不講求紀律，缺乏純樸的風尚，處處投機取巧，情操也就蕩然無存。一個缺乏情操的家庭、社會是很不容易培養有情操的子民。

我在《天下雜誌》裡看到一篇德國經驗的報導，德國的文化重在訓練每個人各安其位、孜孜努力，生命力因此相加相乘，而不是互相抵銷，於是社會上紀律分明。「大部分高速公路路段沒有限速，但一到限速區，汽車總是慢下來。波昂露天市場小販收攤時，一定把攤位收拾得乾乾淨淨，地上連葉片都看不見。地下鐵入口沒有查票員，但乘客自動買票登車。遠古普魯士文化裡的勤奮、紀律化成德國人一絲不苟的工作態度。」這就是情操。有情操的社會，孕育了有希望的文化，培育了自動自發、積極向上的國民。然而，我們應怎麼培養情操呢？

這就像唐朝時，有一位弟子問法眼文益禪師：

「一天之中應該怎麼修持呢？」

他所得到的回答是：

「步步踏實。」

你要踏踏實實的生活，表現出助人、紀律、忍耐、勤勞、安定和求知六種情操，去影響孩子，孩子也很自然地表現出應有的情操。你在家庭和社會所表現的，正是自己孩子所學習的；別以為你在外頭的行為孩子看不到。其實那些缺乏情操的行為，都會在日常生活中自然表露出來，誤導孩子。

情操不是從知性的認知中學來的，而是從實踐與生活體驗中學來的。你可以要孩子背熟四維八德的涵義，才出家門就可能做出不仁不義的事。你也可以教孩子記誦格言律則，但他可能言行不一。所以，情操的教導一定要從師長自己的身教做起。

5 師生互動的空間

禪就其宗旨而言在見性，在於引導一個人過實現的生活；就其實踐層面而言，是揚棄虛幻不實的貪念，保持清醒不被色相所欺的慧性；就其方法而言，是透過真空妙有來展現人生。因此，禪的本質就建立在「空」上，它的意義是解脫一切成長的障礙，展現篤實的人生。

師生之間需要思想交流和感情交融的互動空間，才能產生生活潑教學和啟發的效果。教學是師生互動的過程，無論你所採取的方法是訓練、記憶、啟發、研討或自動學習，都必須把師生互動的障礙排除，才能活絡的運作起來，排除障礙就是空，排除障礙的同時也拓展了互動的空間。教師若能把握這點，教學的成效必然提升。

教學可以被解釋為師生心智互動或交互影響的過程。從彼此順暢互動中，學生的智慧得到啟發，情性得到陶冶和涵養，經驗也從而得到傳遞，而教師本身正可在「教學相長」中不斷進步。

然而，師生的互動，需要一定的空間。因為沒有空間就失去彼此迴旋的餘地，就會產生衝突和摩擦，失去教導和學習的機會。禪者深信，心智互動若有足夠空間，創造力才得以舒展，道德的善根和寬容的肚量才得到陶冶，體能才得到訓練，人際能力才得以開展，美的鑑賞能力才培養得出來。

空是從割捨中得來的，是從清淨心中展現的，是從放下執著、急躁、貪婪、虛幻中換來的。從禪的觀點來看，空能產生真實；當我們空掉虛榮和作偽之後，真實的本質才表露出來，而割捨所陳現出來的空，卻相對成為成長的條件和可能性。所以空是教學上很重要的一個條件。

在某種特定層面上言，空可以解釋為寬容和不急躁，也可以解釋為平靜的心情。它可以形成極有效的教育契機或成長機會。所以禪家把它稱為「真空妙有」。教師如果善用空的妙用，在教學上必然有很大的突破。

孔子和佛陀這兩位聖者，在教學互動的空間運用上差別很大。孔子個性較急，教學採單刀直入法，有時表現得相當劇烈。根據《論語》的記載，有一次孔子說：「道不行，乘桴浮於海，從我者其由也！」子路聽到了，很高興。孔子嚴正的訓斥：「由也好勇過我，無所取材！」

有一次，宰予白天睡覺，孔子則嚴厲的責罵：「朽木不可雕也，糞土之牆不可污也，於予與何誅？」這種直接的訓誡方式並非不可使用，但如果用多了，就往往破壞啟發引導的空間。

反之，佛陀這位聖者，在師生互動的空間上則把握得游刃有餘。他很善於運用空的技巧，去展現他的啟發教學。比如說，他在楞嚴會上講道，諸大弟子及十方信眾都來聽法，唯獨弟子阿難出遊尚未回來。當時阿難乞食完畢，路經婬室，被摩登伽女攝入淫席，將毀戒體，佛陀很了解弟子，知道一定是出了狀況，便差遣文殊菩薩去把他帶回來。照理說，阿難回來之後，佛陀應該嚴厲責備他有辱師門才對，但是佛陀並沒有這樣做，反而安排了一場發人深省和開啟智慧的研討會。師生之間進行一次深入的問答。佛陀為了使弟子能更進一步了解道理，還請來二十五位菩薩各自說明自己修證圓通的經驗，整個法會儼然成為一次大型研討會，使每一位弟子都受到深邃的啟發。後來阿難成為佛陀傑出的弟子，佛經是由阿難集結寫出來的。而這次法會的紀錄就是

《楞嚴經》。

老師如果動了急躁之氣，則教學只剩下直接的訓斥，它的運作空間即刻變得狹隘。如果能心平氣和，保持清醒，則學生犯錯時，正是他設計教導方法和引導學生心智成長的良機。因此，教師必須善於開拓空間，使師生心智互動多元化和彈性化，教學的效果才會提升。

請注意，情感的教學若沒有空間可資迴旋，就很容易導致衝突和反叛。智能的教學若沒有試探、懷疑和思辯的空間就會僵化而失去思考和創造。群性的活動，若沒有歷練的空間，就會流於認知而失去實踐力行的能力。美育的教學若沒有欣賞和神往的空間，就會變得死板而失去活潑悅樂的氣質。德育的教學若沒有多方面生活與工作體驗的空間，就會變得脆弱而不能承擔。於是，教師必須深通開拓教學空間的技巧。

至於教師本身，也因為寬闊的心理生活空間，懂得消除成見和偏見，祛除急躁的脾氣，而減少師生的衝突和誤導。在教學過程中如果失去空間，教師必然聽不到學生真正的心聲，因為老師的成見和權威的管理，已使學生噤若寒蟬。當然，失去空間也會喪失教導的機會，因為一時的激怒和衝動，往往使老師不能清醒的思考如何作正確的教學回應。此外，教師的教學生活若失去空間，也必然導致身心健康的受損。一個急躁或鬱抑不樂的人，對身體健康影響殊大。情緒不好是致病的元凶，急躁的脾氣更是心臟病的主因。根據醫學上的研究，在六十歲以前得心臟病的人，百分之九十是脾氣急躁的人。

善於運用空的人，才能真正孕育妙有。空和有是相對存在的，教師若能徹底淨化自己，不被物慾所牽，便是空的實踐。這時，相對有了知足、悅樂和慈悲的襟懷，從而孕育出光明的教育愛，這就是清醒的覺性。唐朝百丈禪師說：

心地若空，
慧日自現。

身為教師，如果不能維持寬闊的心靈生活空間，而經常被刻板的觀念所障，被種種貪、嗔、癡、慢、疑所繫縛，就不可能表現出好的教學能力和智慧，要想對學生傳道、授業、解惑，那就很難了。有一位朋友告訴我，多年前他還念國民小學的時候，級任老師強迫學生補習，每天一早就考前一晚補習的題目，成績考不理想就挨打。他和幾個同學因為家裡清寒，繳不起補習費，經常被揍得手掌發紫，屁股紅腫。我認為這樣的老師是有障礙的，教學是缺乏空間的，他不能對學生施予有能力的愛。相反的，我也聽過許多人讚美感激他們的恩師。他們循循善誘，鼓勵學生，獎掖學生，耐心教導，接濟他們經濟上的拮据，安慰他們的哀傷，這些良師似乎有用不完的愛，像清泉一樣，不停地灌沃著芸芸眾生，這些偉大的教育工作者是恬淡的，在空的性德上有極深的修養，才有無盡的教導空間，表現出巧妙的教學藝術，沃壯一個個青少年。禪家說：

不被諸境所惑，
自然具足神通妙用。

各位請注意！我們的手如果老是握著拳，就會變成殘廢，因它已失去活動的空間和可能性。心裡頭如果老抱著一個死念頭，就孕育不出真知灼見。師生之間需要思想交流和情感交融的互動空間，才能產生活潑和啟發的教學效果。因此，教導者必須懂得開拓互動的空間，而禪揭示「真空妙有」的藝術，正是開拓師生互動空間的最好途徑。

慈悲是教導的空間

慈悲是教育專業精神的動力。慈悲的老師能不斷提供學生心智成長的機會，他總是契機應緣給予學生必要的啟發、訓練和當頭棒喝。慈悲的老師具有充分了解學生的能力，又能正確的幫助學生學習。他們具備同情心和同理心，很容易與學生共鳴。

教師必須關懷學生身心的成長狀況，才能引發學習的向心力。必須能對學生適時給予提示和指導，才可能收事半功倍的效果，開展其獨立思考和健康的態度。必須能尊重學生的個別差異，考慮到家境、興趣、個性和能力，才可能做到因材施教。必須具備穩健的修養、成熟的情緒、健全的人格、豐富的知識和創意的思想，才能提供正確的教導。

依我的看法，慈悲心是豐富的情感和清醒的覺性所孕育的心力。它決定教育的成敗和學生心智成長的高低。於是，禪者把慈悲心視為教學的必須條件。

慈悲的老師，總是散發著積極光明的力量，他覺得每一位學生都是一塊寶，都能透過啟發和教導，使他過成功的生活。

古時候有一位園頭禪師，他一有空就在花園裡忙著照顧花。他修剪花的枝幹，又把盆子裡的花挖出來種到另一個空盆子裡。在一株枯花上澆水，又在空地上鬆土。他的弟子看了十分困惑，便問師父說：

「老師，為什麼你要把好好的枝幹剪掉呢？」禪師說：

「花的枝幹長得歪斜不正，所以要修剪，免得它浪費養分，虛擲時光，修剪之後就可以繁茂的成長。你將來教育弟子也要一樣，對學生的過錯必須嚴促改正，學生才真正受益。」

「那麼，老師！我實在不明白，花盆的花長得正繁茂，為什麼你要挖出來，移植到另一個盆子呢？」禪師說：

「這盆花固然茂盛，但是盆子裡的養料已經吸收殆盡，必須換土才能繼續成長。切記呀！你將來教導弟子，也要留意給學生多提供不同的學習環境，好培養他多方面的能方。」

「為什麼老師要對那株枯花澆水呢？」禪師說：

「噢，那株花看起來雖然枯了，但我已仔細檢視過，它並未全枯，所以要特別為它澆水。你要注意！教導學生，不可以因為他程度差而隨意放棄，只要還有一絲希望，都要把握機會教導他！」

弟子聽了禪師的教誨，都一一點頭稱是。最後又問道：

「老師！你為什麼在空地那兒鬆土呢？」禪師說：

「在空地上鬆土，好讓種子能有機會發芽成長呀！做老師的人如果不能有效提供成長的機會，就不能算是好老師。」

禪者在教導學生時是何等的慈悲！他們為了使弟子們能多參學，所以要鼓勵他們行腳參學，這種參觀訪問和找名師討論的教學方法，對弟子的啟發不是簡單一句「行千里路，讀萬卷書」所能表達的。他們為了讓弟子具備多方面的能力，除了各種職事都要學習外，還要出坡作勞動，使他們有好的工作能力和習慣。為了訓練清楚的思考，他們教導學生從禪定功夫中，磨練自己成為不被惑的人。

禪的教導方式，有時溫和得像春風，有時劇烈得像烈日，有時用詩句和偈語來參學，有時用棒用喝來警策，但都時時不失那深切的慈悲。透過慈悲心，各種教學方法都變得靈巧有效，不同根性的弟子，都得到充分的教導和學習的機會。所以說，慈悲是教導的空間。

格律是成長的空間

禪門是很講究生活戒律的。人唯有透過格律的基本訓練和約束，才能有安定的心去學習、思考和創造。所以戒、定、慧三者是佛門共同必修的功課。戒可以解釋為好的生活習慣和工作習慣。它是維持身心正常發展的格律，更是我們發展事業和有效的工作準則。

沒有格律，身心就會散漫，為人處世就沒有原則和章法。它同時是道德倫理的規範。所以，在佛陀快要寂滅時，弟子們問他，將來要拜誰做老師，佛陀說：

以戒為師。

從心理學的觀點來看，格律是很重要的。有格律可資遵循，日常生活就有了律則，人際倫常就有共同遵循的常軌，而不致雜亂無章。就心智成長而言，格律很像樹苗需要木樁一樣，可以維持學生朝正確的目標發展。

因此，家庭必須有家規，班級必須有班規，學校必須有校規，社會必須有法律和道德。就學生而言，除了家規、班規、校規、社會的法律與倫常之外，同時要為自己訂下好的生活規律和正確的工作習慣。

學生在學習時，要有好的學習習慣。比如說預習可以提高學習效果，即刻練習優於延宕練習，長時間的練習容易疲乏，不如分成幾次練習來的有效。

有位老師告訴我說，多年前他教過一位成績很傑出的學生，但聯考時卻落敗了。原因是他習慣在集中思考時用左手揉釦子，揉得越用力越能集中思考，作答也越快。在考數學時，他的衣釦掉了，摸不到釦子，他一直無法集中精神，以致緊張而不能作答。時間一到，走出考場時，臉色鐵青的哭了出來說，「我沒有釦子，所以不能集中精神思考！」我相信這就是壞的工作習慣。

好的生活習慣跟好的讀書習慣一樣重要。作息沒有規律，身體的發育必受影響；不養成做家事的習慣，家居生活必然雜亂；待人處世沒有定則，人際關係必然不和諧。現代人不重視格律，以為格律是一種束縛。為了崇尚自由，不受格律的約束，往往使自己生活陷於紊亂墮落。我們的社會，道德漸漸解體，是因為不重視格律的結果。

思想的啟發，也有一定的法則，經過清楚思考訓練的人，其條理性高，做事清楚中肯。禪門沿用了《涅槃經》的經義，把思想和生活的格律，建立在「四依」上。它在教育上可以被解釋為：

●依法不依人：教導學生依循真理，而不是盲目的個人崇拜。處理學生的問題，要以平等心和慈悲心，而不因為他是某要人的子女而有不同。不依教育專業精神和知能來教學，教育是不會成功的。

●依義不依語：學生說的和真實的心意，往往還有一段矩離。不要因為學生說得頭頭是道，而疏忽對他的輔導。更不能因為學生對老師有了不禮貌的頂撞，而影響對他的關心。教師必須常常提醒自己：學生的冒犯是一時衝動或想不開，只要你能了解他，就會原諒他，有心想幫助他。

●依智不依識：處理學生的問題，必須清醒明智，不宜情緒化，更不宜在教導之外，摻雜不該有的意圖。這會影響學生心智的成長，破壞教育的純正使命。

●依了義不依不了義：無論教導任何學問，都要徹底的了解而不是囫圇吞棗。處理學生問題，要針對問題的癥結，而不可以旁生枝節，把問題擴大。

我深信以上四依是良師所應遵守的基本格律。能遵守這四個格律，就能開拓寬廣的教學空間，啟發學生心智成長。

寬恕是改過自新的空間

禪家的教導是嚴格的，有時甚至是劇烈的。不過無論教導的手段如何，他們對學生的錯誤，總是抱著寬恕的態度。寬恕並不是縱容學生，而是以平靜的心去看待學生，從而尋求正確的教導方法。寬恕使教師維持心平氣和，又能使學生得到自我反省的機會。

禪家有一則故事：

有一天晚上，老禪師發現圍牆角落放著一張椅子。他斷定有弟子越牆出去遛達了。於是他移開椅子，蹲在那兒等學生回來。

不一會兒，學生從牆外翻越進來，把老禪師的背當椅子，墊腳跳了下來。弟子看到自己所踏的竟是老師，一時很窘，不知所措。

禪師只是淡淡的說：「夜深天寒，趕快添加一件衣裳去！」

這件事情，老禪師從未再提起，但是禪院裡的弟子，以後再也沒有人敢越牆去遛達。

寬恕是教學活動中很重要的一環。老師如果缺乏寬恕的涵養，很容易因動怒而傷害學生的自尊，或者造成難以彌補的錯誤。多年前曾經有一位老師來找我諮商。她大學一畢業就應聘到鄉下的國中當老師。有一天，一位女學生用不堪的言詞侮辱她，激怒了她。在盛怒下她便把學生送交給訓導處。由於訓導處處理不當，這位學生從此輟學。

後來她去家庭訪問，兩次被家長罵出來：「我的孩子我自己管，不用妳來管。」隨後才知道學生早已被介紹到台北從事不很正當的工作。從那時起，她非常內疚，很想設法幫助女學生重回學校，但苦無消息。這使她的心情一直憂鬱不樂。經過幾次諮商，她才稍稍釋懷，我對她說，「一個醫生是在錯誤中學習，才成為良醫；一個老師也是在錯誤中得到教訓，而成為良師。現在你了解到寬恕學生的重要意義，已經是菩薩道上的良師了。」

寬恕有助於培養平常心，能促進師生的溝通與意見的交流，並把握穩健的啟發歷程。有平常心修養的老師，有以下幾種特質：

● 給學生適量的功課，不把學生逼過頭，不使學生產生嚴重的壓力或懼怕。

- 把每一位學生當教導的目的，而不把學生視為教學表現的手段。
- 對學生不講絕話；處分不守規矩的學生，能夠考慮到對學生心智成長有益的後果。
- 訂定合理的班規，不要求苛刻的成就水準，使學生有好的學習氣氛，從而培養互動學習的興趣和自信。

寬恕絕非放縱不管，而是一種平常心中所展現的愛與關懷。許多教師和父母說，「愛之深，責之切」，事實上，如果責之過切，則「愛之適以害之」。

從容是教導的空間

從容是精神生活上很重要的素質。它能帶給我們沉穩的生活與工作態度，也能引發冷靜的思想和回應能力。透過從容，我們才有自在感；透過從容，我們才有清醒的回應能力。禪門弟子，行、住、坐、臥無一不是要從容穩重。它在於訓練一個人篤實的生活，不可在急躁匆忙間虛度，要穩實的體驗到生活的樂趣和真實性。

從容是安定學生的妙諦。比如說，教師規定下午四時在操場集合，若能於五分鐘前提醒學生往操場移動，集合起來就很順利，因為提前五分鐘的準備，使師生都感到從容。

青少年很貪睡，早晨很難叫醒他們。父母若在預定的最後時刻才叫喚他們，總會帶著急躁的心情，容易對貪睡的子女發脾氣。如果你提早五分鐘喚醒，告訴他們必須翻個身，但可以賴床兩分鐘。屆時再去叫他，不但孩子易醒，父母也不急躁，梳洗用餐，都會覺得愉快，使一天有好的開始。

教師規定換季的服裝，必須有一段時間的緩衝，這有助於每個家庭的準備和學生的適應。我經常聽到家長抱怨，「今天宣布要東西，明天就一定要帶到，家裡那有現成的應急！」家長總有不方便的時候，學生為了遵守規定總是急呼呼的，非要不行，不愉快的事情就這樣發生的。

從容有助於考試成績的提升。老師們都深信沉穩的學生，要比急躁緊張的學生容易發揮實力。從容的人不易疏漏犯錯，急驚風的人則不免疏忽，特別是升學考試期間，性急的考生，往往缺乏適當的休閒，容易緊張而影響睡眠。因此，父母和老師要在日常生活中培養學生從容的習慣。

一位研究學前教育的教師說，他曾經要求家長寫出五句最常吩咐孩子的話，結果發現大部分句子都有「趕快」二字，例如「快把衣服穿上！」「趕快去上學！」「快吃！」等等，甚至有「快把心情放鬆！」或「快點睡覺！」的吩咐。由此可見，社會上瀰漫著緊張和浮躁的習性，是有其原因的。

從容的老師和父母，在日常生活中有條不紊的處理事務，較能欣賞生活的細節。遇到緊急狀況，表現得鎮定，思考也比較周密。他們的舉止態度，表現出優雅之美，應對進退有條不紊。他們所教出來的孩子，也因受到薰陶而有著沉穩的風度。從容的師長有以下幾種特質：

- 動腦而不動惱：他們臨事沉著，處理學生的問題不情緒化，不發大脾氣而造成反教育。
- 求好而不急切：他們有充分的愛心和耐心，去引導學生展現其潛能。
- 積極但不造次：他們用積極的態度引導學生，從不氣餒，但也不貪功而揠苗助長。

從容的老師較能依據學生的需要作有效的指導，同時也較能維護學生的自尊，引發其自動自發的精神。特別是在輔導談話時，從容的老師，最善於引導學生自我發現，改過自新。

逗趣是情感交流的空間

老師除了以嚴謹的態度教導學生外，必須有輕鬆的一面。透過輕鬆與悅樂，師生之間才有親切的感情。它是老師了解學生和開導學生的憑藉。逗趣可能是師生之間最能產生悅樂、機智和親愛的表現。不過，逗趣絕非取笑，更不是言不及義的耍嘴皮。它若涉及人性的貶抑、諷刺或指桑罵槐，反而對學習氣氛有害。

禪門常有師生逗趣的例子。

唐朝的趙州禪師，在夏天一個閒適的日子裡，突發奇想，和身邊的弟子文遠玩起逗趣的遊戲來。他說：

「文遠！我們來逗個趣，作個比賽，看誰把自己譬喻得最低。」兩人約定贏的人就輸掉一塊餅。

趙州先說：「我是一隻驢。」

文遠說：「我是驢子的屁股。」
趙州說：「我是驢子的糞。」
文遠說：「我是糞裡頭的蟲。」
趙州說：「你在糞裡頭做什麼？」
文遠說：「我在那裡度暑假。」
趙州說：「好了，你贏了！」於是就把一塊餅吃掉。

這段故事又是逗趣又是啟發，又是機智又是歡樂，他們師徒在機趣中共同體認到一個生活的態度——在最卑劣的環境下，也能保持度暑假一般的自在。

老師扮演輕鬆的角色遠比扮演嚴肅的態度難。特別是要結合逗趣、機智和啟發性為一種教育性的互動，實在不容易。逗趣難就難在幽默中不失本分，在歡笑中不乏教導。

有位作家回憶他的老師道，有一次老師指定班上同學閱讀一本小說，寫一篇評論報告。他整個週末玩下來，壓根兒把這個作業給忘了，直到星期天的夜裡才想起來。只好臨渴掘井，瞎編一篇報告，交差了事。過幾天，老師發回報告，上頭的評分是甲下，旁邊有一行小字寫著：「文章寫得好，所以給你甲，你沒有讀那本小說，所以給你個下。」這個評語鼓勵了他的寫作，也有技巧的指責了他不看書的過錯。這種逗趣性的評語，不但表現了老師的智慧，同時也給學生帶來深邃的啟發，使他日後成了名作家。

教學可以是輕鬆的，但不可以失去嚴謹的本質。教師採用逗趣可以促進師生的情感，但卻不可流於低俗的笑話。在校園裡，有不少老師以黃色笑料，作為上課時的調劑品，那是庸俗有害的。它不但與教師的職責相背，無意中教給學生輕薄的態度，而且日後學生總以滑稽的題材來取笑老師。

逗趣是幽默高雅的，在悅樂之中不流於低俗，在詼諧中仍然不失莊重。這樣的逗趣，可以促進情感的交融，更能增進師生互相信賴的安全感。為了增加逗趣的素材，教師可以多看幽默趣譚或漫畫，看到好的題材，即蒐集起來備用，可增添許多教學的情趣和氣氛。

禪定是啟迪的空間

一般人常把禪定誤認為打坐，而打坐入定就是禪定。事實上禪定是一種心靈平靜、自由和清醒的能力。透過這種能力，我們能產生正確的知見、創意和判斷。打坐只是禪定的初基訓練，它的初期目的是訓練身心調和，終極目的是讓禪定的能力遷移到日常生活中，而開展自性潛能和清新的智慧。禪定在《六祖壇經》的解釋是：

外離相即禪，
內不亂即定。

人若能不被外界的色相所引誘、威脅或欺騙，就能有持平的態度和清醒的思考能力，如果內心不被種種刺激擾亂，情緒就不會騷亂起伏。日常生活，若能在思想上保持清醒，在情感情緒上維持平靜，禪定功夫就不錯了。

教師每天要應付層出不窮的學生問題，如果缺乏禪定修養，就很容易被表面的現象所蒙蔽，而昧於了解學生的心智成長和真正的需要，同時也因為情緒容易被學生激怒，而做出錯誤的回應，甚至影響自己的身心健康。因此禪定的素養對教師而言至為重要。

有位校長告訴我，多年前他擔任國中校長時，有一段時間學校經常遺失便當。經過訓導人員的追查，終於發現偷便當的學生。訓導人員問他為什麼要偷便當，他一再的說「偷來的便當好吃」，或者說「我喜歡吃偷來的便當」。訓導人員處罰了學生，同時懷疑孩子有偷竊癖。後來，校長把學生接過來輔導，學生除了一句「我喜歡吃偷來的便當」外，什麼也不肯說。

經過多次的諮商，沒有什麼進展。不過從訪查中已經知道，他來自單親家庭，家境貧苦。有一天，校長跟孩子談話後，拉著孩子坐在沙發上說，「孩子！如果你有困難，不告訴我，那要告訴誰呢？」這句話直接觸動了孩子的心。孩子的眼淚像決堤一樣流了出來，哀傷得泣不成聲。

這孩子終於在啜泣中說出他的不幸遭遇。他的父母離異，他和念國小的弟弟，跟隨父親住在一間違章的矮房子裡。父親是工人，酗酒很厲害，有時好幾天沒有回來。兄弟倆沒東西吃，只好去偷麵包或便當。他說，「都是我去偷，因為我一定要照顧弟弟。我不忍心讓弟弟去偷，我擔心他會失手。我可以被抓去警察局，但弟弟不能被抓。」說到這裡，孩子已經泣不成聲了。校長也被孩子的辛酸際遇感動得彈落眼淚。

校長為孩子安排了一分差事，鼓勵他半工半讀。事實上這分工讀的薪水就是校長自己給的，工作只是一個給孩子自尊的藉口而已。孩子穩定下來了，讀書相當用功，一年半後他考取了第一志願，後來仍以工讀的方式完成了大學教育。

這個個案告訴我們，教師不能以表面的現象來判斷學生的行為，更不能以激怒的心情處理學生的問題。我深信唯有透過禪定的清醒心智，才能洞悉學生的癥結，有效的解決問題。

禪定的另一層意義是指一個人能突破意識的牢結。我們日常生活，都離不開意識的活動，而意識完全靠著文字語言和符號來運作。這些運作的符號都是人類生活經驗的產物。因此，人的意識和思想，都是過去既存的內容。它是舊有的東西，而不是真正創意的智慧。也就是說，人若不能從意識思想中解脫出來，充其量只是一個接受者，而不是一個創造者。而禪者所謂的禪定，就是要指引你從意識之流中解放出來，展現智慧。

因此，禪是「非意識的」、「非邏輯的」，是要一個人能擺脫成見、偏見、刻板的意識觀念，從而綻放出真正自由的慧性。因此，當師生之間能夠保持禪定的心智活動，就能互相啟發，流露出創意、自由的心靈和智慧。

要想深一層次去體驗禪定的智慧，一定要練習坐禪。透過坐禪的冥思，可以訓練三種能力。其一是培養禪定的能力；然後把坐禪的寧靜和清醒，遷移到日常生活中。

其二是經由坐禪學會紓解心理壓力，增進身心的健康，維持較好的教學活力。其三是在坐禪之中培養調整心智活動的習慣，讓自己從刻板的思想和意識之流中解脫出來，從而使自己的慧性真正綻放出來。

教師學習禪定，較能維持心境的平和，降低緊張的情緒，有助於師生的互動；培養清醒的心智，有助於對學生的了解和回應。更重要的是，透過禪定的修持，能帶來創意和慧性，對學生創造力的啟發有所助益。所以說，禪定是智慧的空間。

6 生活教育的體驗

生活教育完全建立在隨機教學上，禪家所謂「隨緣說法」，指的就是把握生活經驗的點滴，作為開示和教導的機會和素材。

平常生活中蘊藏無限生動而有價值的教材，只要你稍加留心，作個安排，就可以收到良好的教育效果，所以禪家要在平常心中去進行自我教育，也要在平常心中進行對弟子的教導。它是隨機應緣，藉著生活上的點點滴滴，教導孩子，啟發孩子，溫暖他們的心，豐富他們的經驗，這是教導上最活潑的部分。

不過，我要提醒你，如果師長自己不警覺、不清醒，那麼許多寶貴的教材，就在不知覺中流失，相對的，孩子對生活的醒覺能力也就失去啟發和教導的機會。

生活教育是所有教育活動之中，最直接、最活潑、最具啟發性的教導活動。師長在生活之中隨機教導，以生活所接觸的事事物物為教材，以即時指導和啟迪為方法，它使孩子的生活經驗豐富，思想敏銳，心志堅強，情感和悅。無分德、智、體、群、美，都可以透過生活教育進行啟發。

每天我們都遇到許多足以啟發心智的事物，但由於覺性不夠，警覺度不足，所以被它溜了過去，我們的心智沒有得到應有的啟發。教育子女也是一樣，只要稍縱即逝，那些最好的教導題材，就會視而不見的離孩子遠去，沒有對孩子發生開悟的效果。

唐朝的馬祖禪師，有一天跟他的弟子百丈懷海一起散步，看到一群野鴨子飛了過去。

馬祖問：「那是什麼？」

百丈說：「是野鴨子。」

馬祖又問：「飛到哪裡去？」

百丈說：「飛過去了！」

就在這時候，馬祖把百丈的鼻子用力一擰，百丈痛得大叫，馬祖對他說：「難道又飛過去了！」

聽了這句話，百丈即刻有了領悟。

百丈領悟到什麼呢？他領悟到的就是不讓生活經驗，心不在焉的讓它飛過去。人只有把平常心保持醒覺，使醒覺化作平常心，才能使自己進行內在經驗的不斷改造，智慧之光充分普照自己的生活。

生活教育就是要在清醒的狀態下，對孩子的生活活動，進行啟發性的回饋作用，讓孩子從中學會社會規範、思考的方法和待人處事之道。

生活教育是孩子心智成長的沃土。善於運用生活教育，可使孩子聰慧懂事，不善於生活教育，不但使孩子的心智發展常留空白，甚或有反教育的誤導。我認為生活教育必須重視因果，引導孩子記取教訓，建立好的庭訓，同時要注意防範未然。茲就以下各點說明如次。

認識因果

人的價值觀念和生活態度，是從日常生活中學來的。孩子長大成人，會變好或變壞，與他早年所學到的觀念息息相關。年紀越小所學的觀念愈根深柢固。因此，師長要注意在日常生活中教導孩子基本的倫理觀念，培養他們明白事理、明辨是非。

有一次週末，我到佛光山北海道場講課，佛學院學生送我下山，途經于右任先生墓園，即興停車小憩。遇見一對年輕父母帶著兩個孩子，正觀賞小動物的格鬥。好幾隻大黑蟻正圍攻一隻小毛蟲。他們正欣賞得入神哪！我走了過去，目睹慘狀，不禁起了惻隱之心，便說：「孩子們！毛毛蟲一定被螫得很痛苦，救救它吧！它正需要你們的幫助。」

孩子疑惑地回頭看著我，似乎有些漠然。他們的父親仍然入神觀戰。我一邊慫恿孩子救毛毛蟲，一邊找了一根小樹枝，幫助孩子們把纏鬥中的小動物撥開。然後對他們說：「孩子！你們救了毛毛蟲，心中懷著慈愛，長大一定有個成功幸福的人生。」孩子的父母在聽到我的好言之後，才望著我笑笑。

隨即我們離開墓園。學生問我說，「救一條毛毛蟲，真能夠得到幸福的回報嗎？」我說：「是的，因為孩子已經學會了愛，學會了關懷別人，他已種下悲智雙運的種子，將來一定有幸福人生的果。」

禪家是很重視因果的，他們總是很有技巧的教導學生去發現一個生命的理則：人生是環環相扣的，種下什麼種子就會得什麼果，現在耳濡目染的觀念，將來一有機會就會展現出來。孩子在日常生活中所學的是愛，將來必然活在愛裡；所學的是冷漠和殘酷，將來就活在冷酷和敵意的心境下，人生也會變得不幸。所以禪家教人不可不明白因果，它太重要、太不可思議了。特別是在家庭教育上，尤須注意。父母在生活中所作的身教和暗示，都在孩子心裡播下種子。

禪宗有一則公案記述說：

唐朝百丈禪師在上堂說法時，總是有一位老人來聽法。有一天晚上，大眾都離開法堂了，老人還是徘徊不去。百丈問他緣由，老人說：

「我不是人，而是一頭狐狸。五百年前我是山上的住持，那時有弟子問我，是否修行到了圓滿時就不墮因果，我回答說是。從此我就變成狐狸身，一直到現在沒有辦法解脫，請禪師為我開示。」

百丈對他開示說：「不是不墮因果，而是不昧因果。」

老人因而徹悟，並對百丈說：「我已解脫狐狸身，我住在山的那一邊，請和尚用僧人之儀埋葬我。」

後來百丈帶著他的弟子，在後山找到了狐狸的屍體，把它火化了。

一個人說錯一句話，真的要被罰做五百年的狐狸嗎？當然不是處罰的問題。這則公案的涵義在於：人如果不墮因果，就等於不存在，那是死寂的「頑空」或「無記空」。一旦存在，就存續於環環相扣的因果之中，如果不明因果，昧於因果，就失去他的慧性，失去智能的活動與創造，他與野狐有何不同呢？

人類的學術思想是從因果中發展出來的，倫理道德和價值判斷是從因果中發現的，文明的腳步也是踏在因果的路面上演化出來的。人如果不明白因果必然愚蠢、迷失和不幸，社會如果不重視因果觀念，就必然紊亂墮落。

我們的社會並不是不重視因果，只是一味把它用在科學研究和功利的追逐上，很少把它用在精神生活的提升上。這是我們社會生病的主要原因：父母親不學習互愛，卻期待子女能敬愛他們，這等於緣木求魚；成人不能以身作則，卻要求下一代守法守分，有如升山採珠；資本家一味唯利是圖，要想有個成功的企業也是枉然。

明因果就是明白事理，是成功人生的善根。胡適之先生說，「要想怎麼收穫，就得怎麼栽」，是因果的好註釋。做為師長的人，一定要注意在日常生活中教給孩子慈悲、公義和仁愛。為他們種下明白事理的善根，孩子長大必有成功的人生。

記取教訓

我認為教導孩子在失敗中尋找成功的經驗，是師長給予孩子最珍貴的禮物。孩子只要不逃避失敗，不怕失敗，肯在失敗中記取教訓，改過自新，他就能不斷的成長。

在教導上，父母和老師總是對孩子的錯誤，報以嚴厲的批評和懲罰，以致孩子消極的掩飾錯誤，不敢面對問題，作徹底的檢討。這種消極的反應，會使孩子失去自發自動的學習態度，進而影響到生活的適應。

害怕失敗使一個人不能主動嘗試，尋找改進，所以他的思想和情感是封閉的。反之，能以從容的態度去面對失敗，加以檢討改進，則孩子必然成為主動的學習者。

有些人能夠經一事長一智，有些人歷經多事，卻仍然愚昧無知。同樣一種經驗，有人視之如藥石針砭，得到省發，有人則麻木不仁，即使最珍貴的經驗，也會被他倒轉過來，變成腐蝕心智的毒液。其關鍵就在於自己能否從中記取教訓，領悟究理。

在禪家眼裡，世事是無常的。若想用一些定則或現成的知見，刻板地加以沿用，就不可能圓滿有效的解決所遭遇的問題。因此，人們必須時時保持覺醒（佛即是醒覺的意思），要在多變的生活中磨練智慧，用清醒的智慧去處理事物。

禪家教人在成功的時候，要明白成功的原因，記取它的啟示。在失敗時，要從中學習避免錯誤，勇於改正。所以成功與失敗對於心智成長具有同等的價值。故云「順逆不二」、「成敗並無差別」，兩者都是良藥。禪宗有一則很具啟發性的公案說：

文殊菩薩要他的弟子善財童子去採藥，並吩咐他把看到的藥統統採回來。善財走遍大地發現無處不是藥，於是回去稟報老師說：

「老師！大地上無處不是藥草。」文殊菩薩便說：

「那就請你採來給我吧。」於是善財童子信手採了一株草遞給老師。文殊菩薩接了過來，卻拈著它對眾弟子說：

「請注意！這株草藥能救人，但也能毒死人！」

這則公案是用象徵式語言寫的。處處是藥草表示隨時隨地都有寶貴的生活經驗。如果你能看出它的意義和道理，作積極的應用，任何經驗都是啟發心智的良藥。那就是六祖慧能大師所說：

對境心數起，
菩提這麼長。

反之，如果不能從中省發，囫圇吞棗，不但會虛度時光，浪費寶貴經驗，而且會化作毒素，破壞你的心智，毀掉你的人生和事業。

在從事心理諮商的經驗中，我驚訝地發現，竟有偌多的人習慣性的把自己的生活經驗作負面的評價和解釋。久之，思想消極了，情緒頹廢了，生活無精打采。自己把活潑的朝氣和活力扼殺了，這就是憂鬱症，是能毒死人的藥草。

最近，我接過多宗怨偶鬧婚變的個案。他們的共同點是年齡約四十多歲，婚後兩人胼手胝足的工作，直到中年事業稍有成就，但卻在鬧婚變。有的是為計較財產而反目，有的是因為外遇而起風波，也有因互相詆譭而不睦。他們正陷入離婚的困境。我發覺，他們並沒有在過去的相處經驗中培養互愛，建立互信，更沒有學會互相寬容和尊重的態度，才導致不可收拾的難題。家庭幸福所以被扼殺，正由於不懂得從生活中不斷的學習和改正自己的結果。

我們的社會也是一樣，過去的辛勤努力，締造了財富和物質生活上的享受。但是我們並沒有從過去的經驗中獲得足以引導繼續成長的智慧；結果富裕的生活卻帶來赤貧的心靈；經濟上的成就卻帶來貪婪的惡習；開放的社會卻導致下一代的墮落和不負責的態度；一意賺錢的資本家卻刻板的固守原來的生產方式，而不願意在技術和產製過程中痛下功夫；而許多企業外移和到大陸投資，也只不過是尋求便宜勞工的苟且心態罷了。

禪的教誡是要人把生活經驗化作智慧。固執過去的經驗和不能從中汲取新認識，同樣會導致愚昧和不幸。智慧是活的，是心智成長的藥草；死的經驗和知識有如毒酒，先醉了你，再毒害你。

隨機教學

生活教育完全建立在隨機教學上，禪家所謂「隨緣說法」，指的就是把握生活經驗的點點滴滴，作為開示和教導的機會和素材。在日常生活中，所呈現給孩子的，就是最生動的教材。

許多人以為教材是教科書，只有讀書才是學習，殊不知在日常生活中所學習的待人處世態度，遠比課本上所講的更為有用，觸目遇緣所接近的一切事象，更能啟發孩子的心智。有些父母和教師能夠隨緣啟發教導，孩子們顯得活潑，知識廣博，社會適應良好。而昧於隨機教導的師長，孩子們充其量只學到書本的知識。在我的記憶中，我的祖父是很擅長於隨機教學的。

我年輕時，常跟祖父一起到果園工作。園子裡種植許多果樹，有橘子、金棗、蓮霧、柿子、番石榴等等，四季都有花果，我很喜歡到果園。因為它很美，特別是那片墨綠的橘子園，是我最喜歡去的地方。

果園就在山腳下，向東望去就是開闊的蘭陽平原。青綠的風景、祖父的風趣和耕作的聲音配合成一幅詩畫。工作累了就放下鋤頭，或坐或站閒聊起來。有時談些豐收的憧憬和喜悅，有時笑談祖父的趣味往事，有時也會借事說理，教我做人的道理。我從祖父那裡學到很多的知識和經驗，也深深感受到他那詩人般的雅趣。

有一年的春暖時節，祖父和我在橘花盛開的果園工作，天藍得亮麗，花香得撲鼻。也許景致太美，感動老人家的心。他放下手中的鋤頭，面露頑童般的微笑說：「孩子呀！瞧多麼明媚的春光，歇歇吧！我們來欣賞今年就要豐收的橘子園。」於是，祖孫兩人，一前一後，漫步欣賞簇簇橘花。他審視一棵棵的橘樹，神往豐收的喜悅溢於言表。剎時，他佇足在整株開滿了白花的橘樹旁。我也驚訝為什麼那株橘子會長出稠密成穗的花，幾乎整棵樹都是花。祖父輕搖一下樹枝，帶著幾分惋惜的口吻說：「這棵橘樹不夠大，提早發春，花開得太多了，連葉子都長不出來。這是病，而不是豐收。等著瞧，這棵橘樹注定要枯黃的，施肥都很難挽救它。」他停了停接著說，「人也是一樣，年輕人如果發春太早，愛拉風逞青春，談情說愛，荒廢進德修業，沒有根基，他的人生也是枯黃不振的。」不錯，那一年的夏天，那棵橘子樹枯黃了，青綠的小果子脫落滿地。那幅零零落落的情景，實在令人心生警剔。

後來，祖父的話題一轉，很自豪的指著對面的幾棵橘樹說，「這幾棵橘樹，長得又壯又好。」我還沒有來得及問個來由。他便說：

「這幾棵橘樹，原來的品種不好，枝葉繁茂，果子結得少而瘦小。幾年前，我鋸去枝幹，移接上好品種的新枝，如今茂密成蔭。看這吧！今年的豐收就在眼前。」接著，他談起當初買到壞品種的經過和懊惱，以及毅然改良品種的決心，「年輕人啊！人不怕錯，就怕不改；不怕時運不濟，只怕蹉跎歲月。如果有壞習慣，一定要斷然戒除它，有不好的行為要立即改正它。」

那一年的冬天，我發現那片祖父移接新品種的橘樹，確實結實累累，色澤橙紅肥大。我每天走過那兒，豐腴的果子似乎在對我說，「年輕人！老祖父是對的。」

有一次，我鋤草的時候，不經意把果樹的根掘斷，有些樹根張牙舞爪般露出地面上來。祖父看了並沒有責備，只是從別處挖了些土過來，把它掩埋起來。當天晚上，放工回家，在閒聊時才對我說：

「年輕人！果樹的根是最重要的部分，要愛惜它。因為它是生命的基礎，是強韌生命力的來源。你讀書求學也是一樣，要懂得紮根，不可中斷；有根深柢固的學問基礎，將來才有一番好作為。」

事隔幾十年，老祖父早已過世，但是他對我年輕時代的教誡，則言猶在耳，他的智慧一直引導我走向人生的坦途。隨著年齡的增長，回味起來，意義更加深遠。

後來我自己當了父親，現在更進一步當了祖父，也經常使用隨機教學，有時借機說理、夾敘夾議；有時討論時事和生活點滴，增進孩子的見聞和思考方法。在家裡，我們經常進行討論、聊天和交換新知，題目總是從生活中隨機採擷，我們把它稱做「家庭大學」。我的心得是：大人可能從孩子那裡得到更多的啟發。

嚴格的庭訓

禪家是很講究庭訓的，而且庭訓是嚴格的。我深信有嚴格的庭訓才能策促孩子上進，培養其強韌的毅力和責任感。

庭訓不是一味的訓斥或對孩子的錯誤加以批評，而是遵守待人處世的原則。父母應訂出家規，除了要求孩子遵守之外，自己也要以身作則。你不能要求孩子擦地板，而自己卻坐在旁邊看電視；自己不肯上進，卻要求孩子用功讀書。當父母嚴守生活戒律時，所發出的身教和言教，才是真正的庭訓。

庭訓有時候是迅風急雷，它培養孩子堅強的毅力；有時像和風麗日，帶給孩子溫暖和安全。好的庭訓不但提供了孩子心智成長的養料，也帶給孩子卓越的精神生活和勇於承擔的風骨。

每一個人在年輕時代，都曾有過無數的庭訓，無論它是嚴厲的棒喝，或委婉的規勸，都是父母親愛心和人生經驗的流露。我相信很少人會完全記得或善用這些智慧與經驗。不過總有幾則庭訓，會深植在自己心中，常常覺得言猶在耳。它會在你徬徨或猶豫不決時，油然浮現你的腦際，觸動你的毅力和信心；在危機四伏困難重重時，發出警策之音，讓你從陷阱中超脫出來。當然，我也不例外，有過難忘的庭訓。

記得我高中畢業那年的暑假，家裡養了好幾頭豬，排泄的水肥很多。因此，挑水肥、沃蔬果等粗重的工作，是我的分內事。農家養豬當副業，豬拉屎，提供水肥沃長作物，那是農業社會的律則，農人對水肥的珍惜是可想而知的。我家養的幾頭毛豬，能吃能拉，三四天不挑水肥，就會溢滿廁所。過去的農村裡，許多人家的豬圈、毛廁和廚房是相連的，我家也是這種格局，如果不及時清理水肥，一旦滿了出來，就不免波及廁所，不可收拾。

那年我準備大專聯考。聯考的前一天，正忙著溫書，可是水肥卻又是滿滿的一堀。當時母親體弱多病，無力挑粗重的水肥。於是請求母親同意，把水肥送給鄰家使用一次。母親一向都很鼓勵我用功讀書的，沒想到她在聽完我的請求之後，竟然驚愕地從病榻上坐了起來，沉痛地訓誡我說：

「我對你太失望了！難道你忘了我的話：生活一定要落實在肯承擔上？要記住！讀書、挑水肥、務農事，都是生活的一部分，再困難也不能逃避。你這孩子！什麼時候變得這般沒有擔當。快去挑水肥，現在就去，人要活得有情操才行。」

我被她迅風雷雨般的訓誡給愣住了，一時啞然無言，只得遵從去工作。起先，我覺得很委屈，很不情願，也覺得母親不講理。但是一擔擔的水肥壓在肩膀上，卻自然而然的振作起來。連挑了十幾擔下來，汗流浹背，看看沃好的果樹，倒覺得是一種成就。這時，一股無法形容的喜悅，像暖流一樣直滲心底。那是一種克服困難的喜悅。

從那時起，我真正體會到「挑水肥的情操」。我學會不寬縱自己，我深信生活與工作必須肯去承擔，這樣能帶來毅力、信心和積極的人生，它就是母親所謂的情操。

我是個十足的鄉下人，除了工作和讀書外，沒有什麼見識。考上政大教育系，深為國語的表達能力所苦，不但話說不好，寫的也不通順，我很羞於自己的語文表達。後來，我下定決心，採取莊稼漢挑水肥的情操，硬著頭皮參加各種討論會，努力閱讀，寫文章投稿，甚至連聽新聞廣播時，也跟著它唸。到了大四要畢業的時候，班上有一位同學特別對我說，「跟你同窗四年，我看著你從國語都說不好，到今天豐富的學識和口才，你是這四年中改變最大的一位。」這句話是我畢業典禮中，所聽到最令我高興的恭維。

現在，我到處演講，許多人喜歡聽講；從事業餘寫作，有許多人說他從書中得到許多啟示。這些回饋令我感激和喜悅。不過鮮有人知道，那一場場的演說、一本本著作的背後，都流露著母親庭訓所綻放著的莊稼漢情操。

生活是一個整體，個中有順有逆，有好有壞，有喜有樂。你不可能專挑喜歡的，而迴避不喜歡的，那會使自己變得脆弱。你也不可以只接受容易的，而拒絕困難的，如果這樣，你會一事無成。

我母親給我的這項庭訓，教我凡事不可拈輕怕重，教我能堅忍負責。直到今天，我無論是在工作、家庭生活、待人處世，乃至教育子女上，都還奉行著母親這則難忘的庭訓。庭訓是父母堅持孩子堅忍向上的力量，如果你想孩子有個好的未來，你一定要給他庭訓，而且要先從自己做起。

防範未然

教導上最大的敗筆就是不教而罰。許多父母親沒有先教會孩子該怎麼做，等到孩子做錯了，卻又疾言厲色加以批評或責備。有時連責備體罰之後，都沒有教他正確的觀念或知識。這樣不算是教育，而是苛求。它很容易破壞孩子的自我觀念，使他覺得自卑、不能幹，甚至覺得自己是天生的壞胚子。

許多父母覺得孩子越來越壞，越大越不聽話，那是因為親子經常衝突的結果。須知避免衝突要防範未然，而且要從小就以這種潛移默化的方式教育。在我的經驗中，只要你能事先跟孩子說清楚，孩子自然做得如法，即使意見不同，也很容易溝通。

多年前一個晚秋的星期日，孩子們開始嘗試他們的獨立性，第一次不跟我們一道出門。內子和我也樂得輕鬆，一起逛百貨公司購物。在百貨公司兜了一圈，手裡提著給孩子添購的衣服，信步走到多年來熟習的玩具部，琳瑯滿目的陳列即刻映入眼簾，處處擠滿了年輕的父母和孩子，人潮熙攘，熱鬧哄哄。剎時，幾聲對孩子的責罵，劃破了擾攘的寂寞，兩三記摑耳光的噼啪聲，引起每一位購物者的訝異。我眼看著那位小男孩的臉龐烙印著赤紅的掌痕，兩行眼淚從懵然的眼眶中直瀉到貪玩無邪的雙頰。

這時，母親的臉也是脹紅的，我知道那是按捺不住性子的怒氣，「告訴你！上個禮拜才買了遙控汽車，今天又要買……你再賴下去，我揍扁你。」母親又愛又氣的訓斥著小男孩。似乎也有一點對旁觀者解釋，「今天什麼也不買給你，太不聽話，以後再也不帶你來了！」母親近乎嚴厲的補上這樣一句。

接著，母親拉起了小男孩的手，半提半拖似的往電梯口那邊走去。轉了一個彎，他們一高一小的背影消失在人群裡。背影的後面，似乎隱約地看到愛和錯誤交織出來的一幅扭曲的親情。

這家百貨公司的玩具部門，確實陳列了不少足以引起孩子們好奇和貪愛的東西，許多孩子一到這裡就會流連忘返，我的兩個男孩也曾經在這裡盤桓，遲遲不肯離去過。孩子喜歡玩具，這是天性，也是他們生活內容的一部分。它給孩子增添許多歡樂，引發了擁有財產的意識和貪慕的慾望。但是，從玩具的慾求中，孩子卻能學到一生中最重要的生活態度和觀念——建立合理的慾望。

多年來，我一直希望我的孩子在面對慾望的誘惑時，有能力認清它是否合理，是否為自己能力所能擁有。我總是在實際的購物中，讓他們參與，讓他們自己去思考和計畫。為了避免他們在慾望的戰場上打了敗仗，在他們小的時候，每一次上街購物，進玩具店，總是給他們預作提示和討論。

「孩子！今天我們要上街購物，把吃的、穿的或文具買過之後，如果有剩錢就去買玩具，如果沒剩錢，那麼我們一起去看看玩具；只准看，不准買。」我總是把經費有限說得很清楚。也讓他們明白，我很願意買玩具給他們，但必須認清事實：「如果我們好好安排，可能會有剩餘」、「我們只能用付得起的錢買玩具」、「如果這一點你們能接受，就全家一起去逛百貨公司，否則你們就留在家裡。」每一次我們出去逛街、逛百貨公司，都會快樂的回來。

「爸爸！我們很喜歡那一部汽車。」有一次孩子指著一件雪白的汽車玩具告訴我說：「我們有足夠的錢買下它嗎？」我伏下身來，輕輕地告訴他們：「我身上只剩下三百元，扣掉回家的車費，買不起那部玩具汽車。」他們失望極了，低著頭，眼淚都快掉下來了。

「孩子！我知道你們喜歡它，我也很希望買給你們，但是我們必須認清事實——現在買不起。不過，我們可以儲蓄，下一次可以買到它。」孩子們點頭接受了，「爸爸！讓我們再看看它好嗎？它真美！」於是，我們陪著他們一起欣賞了那部漂亮雪白的玩具小汽車，然後充滿希望地離開那兒。

「為了獎勵孩子們講理的行為和態度，」孩子們的母親提議：「我們到地下室超級市場，給孩子各買一支棒棒糖，表示嘉許。」孩子們吃著糖，甜蜜的笑了。我們做父母的也笑了。

三個星期之後，孩子們的儲蓄加上我們的支助，共同得到夢寐以求的玩具汽車。他們的儲蓄習慣也得到肯定。

我們的孩子現在都已經成家立業，他們當然已經不再站在曾經令他們傾倒的玩具部徘徊不去，現在換了另一批孩子上這個舞台。他們正如醉如癡地熱戀著這塊園地。許多生動得足以啟迪心智的學習經驗，正層出不窮的化育著新生，但是那刻板的巴掌聲，似乎也像教導之路上的坑洞，會引起意外與顛簸。

7 宗教、民俗與教育

宗教與民俗是人類生活和心理需要的反映。它蘊涵許多解答精神生活的智慧，從中我們能發現人類心理生活脆弱和困擾的線索，也能找到人類心智成長的答案。

現代人的煩惱是深重的，社會充斥著爭權奪利，暴力色情的氾濫，青少年吸毒的徬徨。該是覺醒的時候了！如果我們還繼續過貪婪的生活，就注定要繼續接受折磨。如果我們能聆聽從禪的世界中梢來的智慧訊息，我們就不再迷失，苦厄就能得到紓解。

所以我建議，現代人要接納禪的教導：透過它的洗滌，我們才更有能力把科技用來增進福祉；透過禪的啟發與實踐，會使自己的人生過得充實悅樂。

宗教與民俗是被忽略的教育素材，它已造成教育的缺憾。教育離不開文化，因此必須在文化素材中選擇教材，教給孩子，孩子的思想和情感才能與文化環境配合，學習才會生動有趣，許多人文的智慧才得到傳承，而過去的迷信也因為教育而得以消除。特別是宗教與民俗這方面，如果不透過教育予以澄清、解釋和整理，它的原始涵義不但得不到彰顯，而迷信的儀式反而風行流傳。

每一個孩子都離不開自已的文化環境，而文化中的宗教與民俗是他每天脫離不開的一環，如果不就這個主題加以解釋、教導和澄清，無疑會喪失寶貴的教育素材，同時將引起教育與生活脫節的現象。

每個人都生活在自已賴以成長的文化環境裡。無論是生活適應、情感生活、情緒狀況、思考方式等等，都源自文化的薰陶和約制。人若沒有接受文化的薰陶，精神生活將會是空白或低劣。

人類精神生活孕育了文化，而文化素材之不斷累積，也加強了啟發後代子孫心智成長的潛能。因此，文化是每個人精神生活的資源。沒有接受文化的洗滌，便不可能提升精神生活，孕育璀璨的智慧。十九世紀初，有一個野孩子在法國的艾維隆森林裡被發現。這個孩子已經十幾歲了，是在一個未曾與人類接觸下的森林長大的。他被發現時，身子是髒裸的，不會說話，似乎對溫度和疼痛毫不在乎，也無法維持專注。他雖然健康，但完全沒有社會化。很明顯的，一個人若非投身於文化刺激之中，他的心智就甚少開啟成長，其精神生活就遲滯低劣。沒有文化就沒有高層次的精神生活。

文化是人類總體生活表現的集合。而文化的累積、整理和創造，則推動了文明的巨輪。對於個人而言，心智成長和生活智慧，必然從文化中吸收菁華，化為生活的智慧和高妙的精神力量。我們可以說，每個人的精神生活，或多或少都含藏著自遠古所累積下來的經驗和智慧。正因為你的精神世界留存著古老的文化，如果一意想排除它，無異在斲喪自己的元神。

文化之中影響個人最深最廣的是宗教和民俗。因為它們與生活息息相關，它的內涵可以深入每個人心靈的底層，而且很自然地影響人的思維、情感、抉擇和判斷。它是在生活中直接學習，從經驗與意識中直接感染，較少知性的了解和認知。宗教與民俗對個人的影響是根深柢固的，對於社會的影響是普遍久遠的。因此，宗教與民俗可以透過解釋和再創造，而豐富其內涵；但很難用另一種宗教或民俗來完全的代替。即使更換了一種新的信仰，其舊有的思維方式和情操觀念之基本意識，仍然存續於生活之中。回顧過去每一種新的宗教和文明被介紹到中國來的時候，一定會被中國化；而原有的宗教與民俗也在異質因素傳入時，要重新闡釋其內涵進而創造之。而這種闡釋與創造的過程都是教育功能所以致之。

宗教文化與教育

文化就像一個大染缸，宗教和民俗是其中的主要色料。只要你生長在某一文化裡，就注定和它結下不解之緣。這個緣是一群人所共有的，它會不停地發揮影響力，塑造成員們的共同語言、溝通方式、價值判斷和情感生活等等。這種現象，套用佛學的用語就是「共業」。它是教育所不可忽略的文化素材。

業力是不可思議的，共業的力量尤其大。每一個人的生活和際遇，幾乎全部建立在對共業的適應上。譬如說，社會上普遍流行著功利的價值觀念，個人也就不自覺的為了功利而全力以赴。一群人信仰一種宗教，那麼宗教的禁忌就會嚴重的影響個人的生活適應和判斷。宗教和民俗這些共業，就像一條大河一樣，個人充其量只是這條大河中的一條魚，你很難超越或擺脫它。因為文化正是魚所生存的河水。

宗教與民俗是人類生活和心理需要的反映。它蘊涵許多解答精神生活的智慧，從中我們也可以發現人類心理生活脆弱和困擾的線索，也能找到人類心智成長的答案。

宗教與民俗經過長時間的承傳，它的原義漸漸模糊或被淡忘了，只留下一個儀式或習俗的外殼，變得空洞化了。此際如不適時給予解釋，使其與現實生活相結合，那麼宗教和民俗的權威性會誤導信仰者步向迷信；它會造成精神生活上的障礙，導致智慧與創造力的萎縮，它往往與原來的教義背道而馳。這種現象也正是心理分析學家佛洛伊德所擔憂的。

宗教與民俗是人類精神生活的根，是傳承倫理觀念和價值判斷的有利工具。因此，所有的道德哲學或倫理學，若沒有匯流入宗教與民俗，則其討論的一切理論，只不過是知性的觀念，不容易成為具體的道德智慧和行動。因此，當宗教和民俗失去了創造的力量，不能把原有的智慧解釋到生活的層面予以活用時，它那傳遞生活倫理和智慧的功能也就隨之消失。這群人便得不到宗教與民俗的雨露，他們的道德能力和生活智慧也空洞化了。

目前我們的社會似乎正出現了迷信與道德空洞化的現象。不少人變得盲目、迷失和心理空虛；不少人變得狂暴、非理性和激越。至於生活的苦悶，精神生活的失調，已經成為現代台灣人民的普遍現象。當人們聚集在大榕樹下祈求明牌而跪拜時，我們不能不說它是迷信。另一個人在發生意外而流血倒地時，卻拍手高興地說，它啟示了明牌的號碼，我們只能說他已經有了精神症狀。

台灣的迷信是嚴重的，神壇林立，處處都是祈求發財和貪婪的信眾。至於在喪儀中舉辦脫衣秀，那就更脫離民俗的倫理本質。我相信，這是台灣精神生活的危機。這是大家應共同警剔的。我們當務之急就是要從宗教和民俗的詮釋中去建立良好的精神生活，從而締造善良的民風和道德觀念。

我深信在我們的宗教和民俗中，涵藏著豐富的精神生活寶藏。它應該被活潑地解釋到現代人的生活之中，以符合精神生活的需要。就拿佛教來說，學佛的旨趣就在於促進自我的醒覺。從了解自己、接納自己和實現生活中，建構光明的人生；從淨化貪婪，學習自我控制和慈悲行動中，展現福慧圓融的生活；從覺性、智慧和參悟中，證入大自在的精神生活。

佛教的真正本義就是要人從有憂苦的此岸，經過修行而達到悅樂的彼岸。它幫助人們提高生活的適應能力，展現成功的人生，幫助人們契悟並證入佛的精神世界，看出生命的永恆希望。這樣的佛教，不正是符合現代人精神生活的需要嗎？目前我們所最需要的正是現代的宗教。我相信天主教、基督教、道教、乃至民間的拜拜，也都能將它的真、善、美加以解釋，讓它的教理能充分的顯現，並與現代生活銜接起來，這樣宗教才能發揮它濟世救苦的功能。

在我從事諮商與輔導的經驗中，發現有許多人的宗教信仰建立在對物慾的貪婪上，而不是建立於對神的崇敬；建立在對神的賄賂態度，而不是建立在精神與情感的提升；建立在野心、不安和迷信之上，而非從宗教中得到安身立命的崇高情操。結果，當他們的神不能滿足其私慾時，他們即刻對祂失望，懷疑祂，甚至背叛祂。

其實，宗教生活中的神是與自己精神生活同步的情理世界。當一個人走入迷信的死胡衕時，其宗教情操也就破壞了。當他以嗷嗷待哺不肯振作的心態，祈求神佛降下恩典時，他已經瀕臨於崩潰，或者說他已經有了精神症狀。

我深知學佛的本義就是充分的醒覺與生命的實現。當一個人能清楚的看清自己、了解生命、接納自己時，也必然能了解生活，接納別人，而過著悅樂自在的生活，這正是現代人所缺乏的生活態度，也是教育上所應重視的。

其次，中國的儒家把天與倫理結合，重視實踐倫理的智慧。我深信儒家的倫理正表現了對生命的尊重與承擔，期許自己在實現倫理規範中自我肯定。美國心理學者葛拉塞（William Glasser）在研究報告中告訴我們，個人精神生活之所以發生困難，是由於他無法滿足跟別人和諧相處與自我價值兩種基本需要所致。因此，為了維護個人精神生活之健全，倫理的智慧和道德承擔，是每一個健康的人所需要的。我也深信，要想維護中國人心理健康和社會之祥和，儒家的實踐倫理是一個重要的線索。不過，儒家的倫理必須經過一番解釋，使它與現代的文明相結合，才可能真正成為行為的動力，同時成為民俗的一部分。

儒家對中國最大的貢獻是把倫理的智慧完全融入生活，化為民俗，影響久遠。不過，近百年來，受到西方文明的影響，它已失去原來的風貌，有些民俗只剩下一點儀式性的表徵，實質意義已不受重視。

其實，在中國人的民俗中，蘊涵著很有價值的智慧。就拿本省人的結婚而言，在結婚的當天，若把一對新人叫來說教一番，來個精神講話，既不自然又有礙情面。然而，許多話雖然很難出口，但又不得不說。於是，創出一些儀式，透過象徵式的語言，提示必要的生活倫理，要他們共同遵守。譬如說，新娘在上轎（或轎車）時不可以回頭看，這是意謂著結婚後就必須獨立生活，不能再依賴父母，一定要跟先生及其家人同甘共苦，才能建立幸福安樂的家庭。

本省人結婚的民俗，顯得非常細膩。當新娘從閨房走向轎車時，必須丟下扇子和手帕，它的意思是放下養尊處優的生活，意謂自己已成長到能承擔艱難。這些生活提示如果由父母直接來說，是很難啟齒的，所以用儀式來表達，不但自然，而且是在輕鬆的狀況下進行。

母親在女兒結婚的那一天，總是會叮囑：到了婆家，一進門要緩緩地跨過門檻，然後解釋說，這表示要順利和諧的進入新家，要過和氣安詳的生活；當然，男方也有一些儀式，這些儀式跟新郎「割斷臍帶做大人」是有關係的。

宗教與民俗具有豐富的生活智慧，也許它用以表達的儀式或語言已經不合現代人的觀念或生活方式。但是，只要能了解個中的本義，對現代人將產生莫大的啟示。因此，對於我國文化中的倫理、宗教、民俗等等，做一個與現代生活銜接的解釋，是深具價值的，是現代教育不可或缺的一部分。

在中國人的意識觀念裡，佛教的民俗和信仰是根深柢固的，但是佛學和禪理是深奧的，經典是艱澀難懂的。特別是佛法的義理，在寺廟生活的嚴格訓練下，更顯得與生活缺乏生動豐富的結合。結果佛教被一般信眾扭曲為迷信，而致未能宏揚它的光明性。於是，有許多人在潛意識裡，神往著兒時拜拜的宗教情懷，孺慕佛像的莊嚴和慈悲，但又認為它與現實生活脫節，而徘徊於需要它而又不信它的矛盾情結，而很無奈地得不到正信信仰的精神力量。相對的，也有許多人，他們不明就理，一頭栽進迷信的死胡衕裡，不但得不到應有的啟發，反而面臨精神生活的潰敗與困境。

我覺得佛教的經典和教義中有許多精神生活的智慧，特別是中國禪的生活智慧；它的睿智和開闊的胸襟、恬淡和入世的大乘慈悲精神，在在是教育的好素材。因此，啟發孩子的精神生活，應該把我們的宗教與民俗，作一清新的闡釋，讓它與現代生活結合，信仰最終目標在於引導每一個人的善根，展現清醒的智慧，過成功的生活。

我必須澄清：我們要介紹給孩子的是可以啟發孩子生活智慧、培養明理態度、增進身心成長的宗教與民俗，而不是一堆迷信而又障礙清醒思考的教條和宗教迷信。

認識佛學

佛學最主要的旨趣在於啟發個人的生活智慧。佛家把學佛的訓練看做生活的一部分，它銜接佛教的信仰，滿足宗教情懷的心理需要，又能獨立於佛教之外，成為引導個人展現光明的一門學術。

學佛不是一般人所謂的出家，父母親不能把二者混為一談。出家是指一個人能從許多庸俗之務中解脫出來，不要被物慾的陷阱所誘，不要被成見、偏見和刻板印象所縛，不要被一切色相所障。當一個人能從這些陷阱中「出離」時，已做到出家的實質意義。這種出離的意識，可以使孩子更精進，更願意去求真理，去展現生命之美。

學佛更不是一般人所謂的隱遁和消極。佛教之所以被誤認為消極是因為「空」的觀念。所謂「四大皆空」，所謂「無餘涅槃」所指的是要一個人把虛妄的慾念、不合理的抱負、強烈追求與佔有的生活態度加以淨化。人如能將虛榮、貪婪、壞的習氣予以摒除（空掉它），自己的心智就能不斷成長。如能以虛心（空）的態度去學習，收穫也必然豐富。

學佛者是在日常生活中提升自己，歷練自己。無論在品德、事業、宗教的情操上，都在精進不懈中實現著，而他們的心中時時繫念著佛。學佛者透過拜佛和修行來達到醒覺、智慧和精神生活的圓滿。在拜佛的宗教情操中，使自己得到依靠，有了光明的指引，有了心靈安定和護祐的力量；在努力修行之中，自己的心智堅強起來，有著豐足自在的情懷和寧靜的創意。

學佛者在拜佛和修持中，提升了自己適應環境的能力，養成開朗的心胸，孕育恬淡和活潑的處世態度。他們的志業得到伸展，他們的人生顯得富足，他們的精神生活覺得自在有意義，感受到與佛同在，但自己卻正展露著佛性的光明。

學佛的人最起碼的事就是皈依。這表示一個人願意接受佛陀的教化，也表示自己學佛的起點行為，就像報名入學和辦理註冊一樣，有一個開始的儀式，並讓你認識學佛是什麼。人總是有個起點行為才會真正行動起來，有個起碼的認識，意願才漸漸強大起來，所以皈依是最起碼的要事。

皈依要找一位出家的法師，當然要找一位解行（解義和修行）圓融的出家人，由他為你舉行皈依的儀式。一般人都說「我皈依了某某法師」，事實上，真正皈依的是「三寶」，即皈依佛、皈依法、皈依僧，所以又稱為「三皈依」，其旨義如次：

皈依佛，兩足尊。

皈依法，離欲尊。

皈依僧，眾中尊。

皈依佛的本義就是皈依覺，只有能自我醒覺，心智清醒，從種種障礙中解脫出來的人，才是真正奉行佛的教化的實踐者。佛學的本義就是覺。覺的最起碼涵義包括：

●了解自己，接納自己，實現自己。

● 了解別人，接納別人，寬容別人。
● 明白事理，承擔是非，事事無礙。
● 落實生活，放下妄念，精進圓滿。

一個充分醒覺的人，一定能在理智和感情上得到平衡圓融，同樣也能在智慧與幸福上福慧兼得，所以說皈依佛，兩足尊。

其次是皈依法，旨在皈依佛陀的教化、實踐經教上的法門，使自己成為清醒、安定、有智慧的覺者。一個人最忌諱的事是被物慾所蒙蔽，被色相的引誘所牽動，那就會誤入歧途，迷失墮落。皈依佛法就是實踐佛法，透過這項修行，學佛者解脫了種種煩惱和障礙，特別是使自己的心識從貪婪和執著的佔有心態，轉變為活潑和實現者的心態。這項轉變，使心靈有了自由，使潛能得以發揮，使活力得以展現，使事業有所成就，所以叫離欲尊，是因離欲和實踐佛法而使自己尊貴起來。皈依法就是要實踐六波羅蜜。波羅蜜是「到彼岸的意思」。也就是說，如果你努力實踐六種修行，就可以從失敗的此岸到成功圓滿的彼岸，從無知的此岸到有智慧的彼岸，從煩惱的此岸到悅樂自在的彼岸。這六波羅蜜是：

● 布施：這是實現自己、服務社會和愛護有情眾生的慈悲。

● 忍辱：能寬容別人，不受種種惡言、激動和誘惑所牽動。

● 持戒：遵守生活格律，培養好的生活和工作習慣。

● 精進：要有光明的態度、積極的思想和努力實踐的勇氣。

● 禪定：平靜和安定的生活態度，並從靜慮中培養性情。

● 智慧：在待人處世上有了事事無礙的創意，在心靈上處處自在的襟懷。

其三是皈依僧。僧是淨的意思，只有透過淨化意識，才能使自己福慧增長。學佛者透過淨的訓練，培養出單純的心智，這使人能專心弘毅，水滴石穿，透過淨的行持，也能培養悅樂的情懷和深遠的睿智。此外，皈依僧也表示著接受出家僧人的指導，接受他的教法，從而努力修行，見性成佛，悟入法界。

學佛除了三皈依之外，要學習戒、定、慧三門基本功課，一般稱為「三學」。戒學的主要意義是培養好的生活習慣和工作習慣；它幫助一個人不陷於紊亂，就像種下樹苗，需要打下木樁來幫助其向上成長一樣。當人的心智茁壯，達到從心所欲不踰矩時，就是戒而無戒的心靈完全開悟自由的階段。定學是指禪定的功夫；禪是指不被外境的色相所引誘或欺矇，定是指心理不憂亂煩惱；這是培養正確思考和心理健康的最佳訓練。慧學是智慧的開展，這是透過空的訓練來的；虛心是空，所以才能落實所學；放下執著和刻板觀念是空，所以能有真知卓見；排除對人的成見與偏見是空，所以才有大慈大悲的悅樂襟懷。慧學的本質是「真空妙有」；是「離一切相，即一切相」的創造活動。

學佛可以提高生活的適應能力，培養愉悅的性情，實現成功的人生。更重要的是它幫助我們睜開法眼，看出生命的究竟，契悟並證入佛的精神世界，看出生命的永恆性和光明性。

學佛使一個人得到宗教情操和心靈的滿足，同時也啟發了自己，解脫心智上的困境和障礙；展現悅樂豐足的生活。它對於現代教育而言是一種啟發，同時也與現代文明不相牴觸。

禪與現代生活

我們生活在自由開放的社會裡，價值觀念多元而紛歧，意識型態感性而多慾。再加上講究高效率、高成長及高競爭的工商業文化的影響，大部分人都脫離不了沉重的精神壓力。緊張、苦悶、憂鬱和煩躁已成為現代人普遍的性格。為了改善精神生活，紓解精神壓力，調整健康的身心，許多人對禪抱著深切的期望，希望透過禪的洗滌，讓自己增添幾分自在，涵冶些許達觀的襟懷。

於是，學禪的風氣漸漸普及起來，除了禪寺裡加開了許多短期禪坐和講習之外，許多坐禪為宗旨的道場應運而生。而現代禪的課程，也成為熱門的寵兒。不少企業機構，為了幫助員工提升精神生活，促進個人潛能的發展，以提高生產力，也紛紛舉辦禪學講習、禪坐訓練。企業界所謂禪式管理也應運而生。另一方面，學校的老師，也開始重視禪與輔導的關係，希望透過禪的智慧與機趣來引導學生身心的健全發展。此外，心理輔導和諮商方面，也想借助禪悟的歷程，幫助人們建立開朗悅樂的新生，從而有了輔導學本土化的更具體構想。

禪是否真能對現代人的精神生活有所助益呢？依我從事教育、諮商與輔導的觀察和體認，答案是可以肯定的。特別是對於生活的調適、消除緊張和壓力，尋求充分的自我實現上，具有相當的助益。至於促進個人的充分醒覺，體悟生命之究竟意義，那又是另一個高層次範疇。不過，學禪的人口中，有些人學得很受用，有些人不受用，這也是事實。依我的觀察，學禪是否受用，關鍵就在於自己是否具有正確的認識和實踐。學禪最需認清禪的本質在引導一個人從許多虛妄中解脫出來，去展現真實的生活。如果把學禪視為一種依賴，或藉以逃避現實的生活，終究不能提升自己的生活適應能力和智慧，不能好好做自己的主人，那就不易受用了。

禪不是知性的認知所能理會的，不是邏輯和意識認知所能把握的。它既非感受與知覺，也非知識與認知。它是一種開悟或解脫，是要你從許多知識、成見、偏見和自我防衛體系中解放出來，讓自己的智慧發揮功能，得到完全的自由。它使你既不被名利色相所引誘，也不被蒼茫的空虛和消極所困，而活出真正的自己。你是健康的、恬淡的、自由的、實現的和悅樂的。

禪不在於使你由貧致富，但確實令你看到生活的展現與健康的態度。它無關你的輝煌騰達，卻能教你活在平等自在的如來。它更不能令你長生不老，免除病苦，但卻能教你如何承擔，並看出生命的終極意義。因此，學禪的人必須把握禪的本質，注意以下幾個重要的實踐性層面，才會真正的受用。

實踐生活的格律

每個人都需要遵守生活格律；要想自己健康就必須注意生活的規律，節制自己的飲食；要想事業成功，就得培養好的工作習慣，建立運作的制度；要想精神生活振作愉快，一定要從倫理的實踐中，培養光明心志和清醒的回應能力。生活沒有格律的人不免為所欲為，陷自己於靡亂。能履行起碼的格律者，必然能自我控制，可進可守。佛性與煩惱是並存的，沒有格律，煩惱拂之不去，佛性不得彰顯。理性、情性和慾性是同時存在的，沒有格律，理性和情性都會變成慾性的從屬。

因此，學禪的人一定要先建立並恪守生活的格律。有些格律是學禪的人所應共同遵守的，例如培養慈悲心（戒殺）、涵養恬淡的態度（戒盜）、建立良好的夫婦倫常（戒淫）、注意自己的語言（戒妄語）、不尋找自我麻煩（戒酗酒和毒品）、深沉的忍耐（忍辱）、積極光明的思想（精進）、樂於幫助別人（布施）等等。另一部分的格律是依據自己的需要而立的，比如說為了健康，必須恪守定量的食物；為了吸收新知，每天抽出三十分鐘讀書等。為了子女教育的需要，建立家人聊天切磋的好習慣。共同的格律和個別的格律同等的重要。

現代人由於不重視生活格律，所以倫常破壞，社會脫序。不能堅守生活格律的人，會變得脆弱，失去原則；容易被物慾引誘，墮落而無以自拔。在精神生活方面，也會顯得欲振乏力。總之，學禪必須從生活格律開始，唯有透過生活格律才能使心情安定，從而有清醒的思考。學禪如果不先恪守生活格律，是不會成功的。

回歸生活的情趣

現代人有一種共同的習性，那就是不停的向外追求。對於名利貪多務得，把佔有和囤積視為成功生活的準則。結果，將自己的生活變成追求物慾的手段。到頭來，追求的越多，生活就越遭到干擾和貶抑。現代生活的通病是物質豐富了，但精神方面則顯得赤貧、空虛和苦悶。貪婪得越深，自己也就相對被折騰得越嚴重。

人們工作的目的是為了過一個快樂幸福的生活。但現代人的意識觀念裡，卻牢牢地縈繫在工作的效率、生產的成長、所得的提高、財富的累積、權力的擴張等等，而無視於生活的幸福，甚至有否定生活本身的現象。這種為了貪婪而把生活變成手段的生活方式，正是佛學上所謂的「倒懸」，也就是生活倒錯的意思。

現代人拚命的工作，卻忘了休閒。竭力的爭奪，卻忘了家庭生活和子女的教導。不停的豪取，卻忘了道義和社會責任。一味的增產，卻忘了環境的污染。很明顯的，現代人在急功近利的引誘下，已生活在倒懸的困局中。

禪的訓練和啟發，無非要自己從目前的困局中醒悟過來，從物慾和貪婪中解脫出來，從狹隘的生活意識中解放出來。當自己的法眼張開了，智慧流瀉出來了，就會領悟到生活本身才是目的。你無需囤積，無需奪權，真正重要的是生命的展現。你無需一路去追趕，而是要在生命之旅中，看出旅途的實在、美和悅樂。也就是說，你必須作你生活的主人，而不要作物慾的奴隸，這一念的覺醒，觸動了你整個生活的改觀。

流露活潑的性情

學禪的第三個重點是要打破執著。其中最重要的行門就是破四相。第一要打破「我相」，要從自我中心和刻板的狹隘私見中超脫出來。能擺脫維護面子和追求虛榮，就不至於為了虛偽的尊嚴而弄得疲憊不堪；能從私見中破繭而出，就可以掃除思想的障礙，凡事看得清楚。第二是要打破「人相」，要放下自己對別人的成見、偏見和刻板印象，這樣才能和別人維持良好的人際和諧；捐棄前嫌，心平氣和的待人。無論是家居也好，做事也好，都能融洽，人和事成。

第三是要打破「眾生相」，要克服貪婪，培養恬淡；克制壞脾氣，涵冶寬容冷靜；消除固執的習氣，培養開闊的心胸和接納別人指正的度量，能如此，自己的情感和理性才能得到伸展，這是成功人生的要件。第四是破除依賴和被保護的「壽者相」，在生活態度上，克服不安和懼怕，培養開朗進取和適應環境變化的能力，這使一個人有活力，懂得隨遇而安。

每個人都有一股潛能，它往往被四相壓抑著，卻不自知。學禪就是要你從四相中超脫出來，讓你的潛能展現出來，化作能力、德行和知識經驗，表現在成功的事業和幸福的人生上。破四相不但能帶給人智慧、悅樂的性情，同時還帶來豐富的福報。

開展清新的智慧

學禪一定要接觸到開悟。沒有悟就沒有智慧，沒有新的驗證和成長。悟是指自己能從生活中看出意義，能在煩惱中勘破繫縛而得自由，在精神上發展主動的光明性。因此，悟即是看出希望來。人若能在失敗中看出希望，就能很快恢復豪氣。若能在落魄中看出希望，很快就能消除痛苦，重振銳勁。人一旦發現希望，即能化消極為積極，轉悲觀為樂觀。因此，我們無時無刻不需要開悟，它是自性中自然流露的智慧。人若不能開悟，就注定要痛苦、墮落和失敗，甚至瘋狂。

悟是從禪定的功夫中發展出來的智慧活動。因此，必須透過坐禪的訓練來發揮本身的慧性。在坐禪的身心訓練中可以達到：

● 使自己清醒，從而孕育了好的同情心和同理性，提高待人處世的能力。

● 心胸開闊，能接納各種不同的生活經驗和意見，並且易於把它轉識成智，化為創意。

● 它幫助人實現自己的人生。

這三種功能都是開悟的條件，因此學禪一定要從坐禪入手。最後把坐禪的定功，遷移在日常生活中應用，那才是真禪定。

有禪定能力才是生活的主人，否則色慾現前，就會隨波逐流，成為物的奴隸，那時煩惱必然滋生。因此，生活在現代多慾和紛擾的社會裡，禪定是大家所應該學習的重要課題。

此外，在平時的參禪與禪定之中，對生命的究竟意義，也會豁然開悟，從狹隘的自我意識牢籠中超脫出來，接觸到與宇宙本體合一的自在感。禪者在徹悟時，把有限的生命提升到永恆的精神世界。那時，自己與未可知的過去和未來，融合為一生命的大河，它既是過去的、現在的，也是未來的。正因為如此，我們對自己的生命有著豐富的體認和肯定。

8 悅樂的教師生涯

教育的目的在於引導學生創造幸福的人生，如果教師自己不悅樂，就不可能帶動學生悅樂，建立好的教學氣氛，孕育積極的態度，培養樂觀進取的學生。

現在的教師們不但要承擔自己生活的調適，又要教導學生繁重的課業，指導其心理適應，甚至連學生的家長也要他們來開導。這樣的工作固然需要一分熱忱、一片奉獻的精神，但若不好好調適自己的精神生活，又怎麼能悅樂地展現其教學生涯呢？

美國在一九七〇年代，教育界便開始推動消除壓力及促進悅樂生活的觀念，主要目的在於幫助現代人過一個更具人性的生活。禪學是中國文化所孕育出來的生活智慧與藝術，我深信透過禪的智慧與訓練，能為教師帶來悅樂的人生和活潑的教學態度。

生活在感性文明的現代人，物慾是高漲的，競爭是激烈的，價值導向是功利的。因此，生活變得緊張和忙碌，情緒生活更是煩躁不安。從事教學工作的教師，也難逃擾攘的困境。特別是生活在自由開放的社會裡，價值理念的衝突，往往造成人際間的矛盾；唯感的功利取向，導致精神的空虛；自由觀念的濫用，造成放縱與自制能力的崩潰。這些都對校園秩序造成前所未有的失調現象。教師不但疲於應付層出不窮的教學問題，而家長的意見、批評與苛責，也給老師帶來更多壓力。

因此，教師必須學習悅樂的生活。禪正好能提供老師開展悅樂人生的智慧，讓自己的生活帶著祥和的禪喜。做為一個老師，起碼的條件是要使自己過得踏實悅樂。

每一個人都希望自己活得悅樂，因為悅樂就是幸福的本身。特別是老師更需要悅樂的性情和態度。這有兩個理由，其一是教育的目的在於引導學生創造幸福的人生，如果教師自己不悅樂，就不可能帶動學生悅樂，建立好的教學氣氛，孕育積極的態度，培養樂觀進取的學生。其二是老師的生活與工作，跟一般人一樣，都是為了創造悅樂幸福的人生，老師自己悅樂不起來，就表示自己的教學生涯並不成功。

在禪家的眼裡，悅樂即是生活的本身；而不是在生活之外，另外尋求娛樂，因為娛樂的激情一過，仍然要面對原來的苦悶。一般人認為，悅樂之道是賺更多的錢來買娛樂；努力工作節約一些時間來作消遣，結果工作變成壓力；娛樂和消遣成為一時的逃避或麻醉，即使買得狂歡，激情褪去，仍然苦景一片。

禪家認為悅樂是從生活之中直接體現的；是在工作與休閒之中，在觸目遇緣裡，對眼前的事事物物，有著一份欣然之喜。他們深知悅樂不是追求的結果，而是從日常生活中去發現的。禪者總是提醒我們，如果你是為了賺錢而工作，工作與生活就會變得勉強，如果你懂得在工作之中實現自己的人生，生活就會過得充實愉快。

因此，如果老師把教學當做賺錢餬口的手段，那麼每天的教學工作都會是一種苦悶。反之，如果能在教學中發現教育工作的價值，體驗學生的活潑和情趣，你會覺得與學生朝夕相處是值得的、是悅樂的，即使是頑皮或愚鈍的孩子，你也願意付出心血去教導他。我知道，在校園裡有許多這樣的老師，他們正散播著一粒粒幸福的種子。

教師所體驗到的悅樂就是禪喜。禪的智慧，正提供了老師悅樂生活的智慧和藝術。現在，我就禪學的立場，討論教師悅樂生活的幾個層面。

生命展現的悅樂

從禪的傳承來看，禪家把生命看成一朵花。這在佛陀靈山法會「拈花微笑」的傳法中可以看得出來：它的旨意就是每一個人要如如實實地接納自己，依自己的根性因緣去實現自己的人生，就像一朵花開了一樣。生活的本質不在於跟別人比較，而是要依照自己的能力、工作、興趣等等條件，去實現自己的人生。每一個人都像一朵花一樣，只有透過生命的實現，像花開了一樣，才能體會到生的悅樂。

悅樂本身就是生命的實現，無論貧富、尊卑、男女、老幼，都是平等的，都能在他們的生活中，直接體會到悅樂。因為我們有耳朵，能聽到音聲之美；有眼睛，能看出景色之怡悅；能呼吸，能感受到活著的可貴。只要把自己從物慾奔騰的紛擾中拉回來，仔細看、聽和品觸，無論你生活在鄉間或都市，無論你的工作是勞心或勞力，禪喜無不流瀉在你的生活周遭，這就是實現的喜悅。

每個人的一生，必須以他的人生為目的，如果把自己當做追求物慾的手段，生活就會與自己疏離。疏離的人是不悅樂的。因此，自己必須把工作、生活與休閒統合起來，成為生命的實現；把潛能實現出來，化做創造與生命的熱愛，去服務社會，關懷袍澤。

禪就是要一方面摒棄激情享樂，擺脫野心和慾望的枷鎖，要讓自己自由起來，這種摒棄和擺脫的努力就是解脫，而真實的展現自己的生命，就是悅樂和禪喜的根源。

人必須純真與恬淡，才能展現他生命的活力。同時，也只有把自己的活力用來創造，才有真正的喜悅。生活是一種創造與布施的過程。創造是指一個人能不斷的心智成長，能過清醒的生活，不被種種激情、引誘和貪婪所牽動，讓自己作生活的主人；布施是願意把自己的成就、知識、學問和福分跟別人分享。在創造與布施之中，我們成就了生命的光輝。它帶來真正的喜悅。

作為一位老師，無疑必須在傳道、授業、解惑之中去創造、去布施、去實現。教師的生命展現，必然是在教學工作與生活之中。如果不能在生活與工作中，體會到那生命實現之悅樂，那就很難在別的地方尋獲了。

老師的一生可能是清苦的，但是清苦並無妨其生命展現之樂。因為你有的是豐富的教育愛、教學的情趣和熱心，有的是恬淡的情懷；當你的辛苦耕耘換來學生的心智成長時，你感受到創造與豐收的喜悅。

悅樂源自生活本身，源自工作本身。如果你想在生活和工作之外尋求悅樂，那就會扭曲生活和工作，所得到的將會是沮喪。

有三位信徒向無德禪師討教怎樣生活才會快樂。無德禪師反問道：

「那你想得到什麼才會快樂呢？」

甲信徒說：

「我認為我有了金錢就會快樂。」

乙信徒說：

「我認為有了愛情就會快樂。」

丙信徒說：

「我認為我有名譽就會快樂。」

無德禪師說：

「你們這種想法，當然永遠不快樂。當你們有了錢、愛情和名譽之後，煩惱憂慮就會隨著後面佔有了你。」

三位信徒虔心請教無德禪師：

「要怎樣才能真正的快樂呢？」無德說：

「辦法是有，你們要改變觀念；金錢要用來布施才有快樂，愛情要肯奉獻才有快樂，名譽要用來服務大眾才有快樂。」（見《星雲禪話》第四集）

教師的生活是清高的，教師的快樂不是源自對名利的佔有，而是對教育愛的實現與布施。當教師能看出教學工作的深邃意義時，也同時對生命之道有所開悟，並看出人生的希望，悅樂也就源源不絕。

教師從事教學工作，正是禪家所謂的廣長舌相。教師的言教與身教啟發了學生，改變了他們的心智和氣質，化作人格的力量，然後透過其言行，影響其家庭、社會和所接觸過的人或事物，並且連鎖性的影響下去，就像以石投湖，水波一圈圈的擴大，影響整個湖面一樣。所以教學活動將造成永恆的影響。誠如結構主義語言學家所說的，一句話一旦脫口，便存續於永恆。教師若體會到教學的永恆性，便不難發現其工作與生活的價值，而覺得每天都在創造和布施。反之，如果自己過的是疏離的生活，沒有為教育而奉獻，缺乏教導的愛與熱忱，而勉強把教學當做謀生的工具，甚而誤人子弟。那麼邪惡就會乘虛滋長起來，它也一樣永恆存續於生活之中。不過，這種存續將是一種沮喪和挫敗。

人總是在接近生命的終點時，會回顧自己一輩子所為。這是很自然的現象。為了避免自己老大徒傷悲，為了預防蹉跎歲月，南唐的法眼文益禪師，警策李璟皇帝，要好好做稱職的皇帝，千萬不要為著佔有和享受而生活，因為物慾和野心會障礙生命展現的悅樂。他們兩個在遊皇室花園時，法眼應了皇帝之請，即興詠了這首詩：

擁毳對芳叢，由來趣不同，
髦從今日白，花是去年紅，
艷冶隨朝露，馨香逐晚風，
何需待零落，然後始知空。

在這首詩裡，前兩句意指每個人的根性不同，要各自展現自己的人生；中間的四句在於警剔世人，要好好把握時間，清醒地實現人生，過創造性的生活。最後兩句則指出，那些佔有和名利，終究是要煙消雲散，真正重要的是生命的實現與喜悅。

每一位教師在屆臨退休的時候，或者在垂垂老矣的暮年，也必然會回顧前塵往事。如果你發覺，臉上刻劃的皺紋，正是你教育愛試煉的軌跡，頭上的白髮正展現心靈上恬悅自在的清純，而禿禿的額頭正輝映著潔妙的佛光，那麼你就有了生命展現之豐收，它是一種真正的悅樂，佛學上稱為極樂，那個極樂的精神法界，正是成佛之處。

現代人都很忌諱談死，對於死之無知和莫名的懼怕，使我們無從接觸到生命的真理。我認為教師如果不知道死的有關訊息，就不容易看出教師生涯的豐富意義。禪家把生命的過去、現在和未來看成一個整體，並認為把生命的過去、現在和未來加以割裂是不可能的，人一旦把存在的時間隔離成孤立的片段，無論你沉迷於過去，或執著於現在，或幻想著未來，都會導致一個人的迷失和徬徨。

人的一生之中，畢竟要朝向對生命終極意義的關切。因此，唯有能體驗到生的意義，才能有清醒的生活和崇高的精神生活層次，方能體會參天地化育的極則。這樣才能做到禪家所謂：「大死一番再活現成」的灑脫，才能從中孕育「無緣大慈，同體大悲」的襟懷。

身為一個教師，當然要去體認生命的終極意義。然後才能經得起塵世中的種種考驗，擺脫得了貪、瞋、癡、慢、疑的緊迫引誘。這時，一種活潑的生命力復甦起來，這就能展現悅樂的教學生涯了。

日常生活的禪喜

教師的生涯是單純的，所以要培養恬悅的禪喜比較容易。只要你能都攝六根，願意過簡樸的生活，專注於教學和家庭生活的安排，就會覺得樂趣無窮。反之，如果物慾慫動著你，貪婪引誘著你，憤世嫉俗激盪著你，各種美色牽動著你，那麼寧靜的師道會化為崎嶇的險途，安靜清純的心境，驟生邪惡洶湧的波濤。

因此，恬淡是禪喜的根源。恬淡不是消極，而是攝受六根，積極展現悅樂的人生。人生不是要別人讚美或囤積財物來鞏固自己，而是自己本來就是完美的，只要你能體會到這點，自然悅樂自在。

唐朝的臨濟禪師和鳳林禪師曾有過一段精采的對話。

鳳林說：「海月澄無影，遊魚獨自迷。」

臨濟答：「海月既無影，遊魚何得迷。」

鳳林說：「觀風看浪起，翫水野航飄。」

臨濟答：「孤輪獨照江山靜，長嘯一聲天地秋。」

這段對話揭示了人類很容易被物慾名勢蒙蔽的事實，也道出必須以超然的態度，作生活主人的禪機，它的重點就在「孤輪獨照江山靜，長嘯一聲天地秋」。臨濟要我們投入這個多采多姿的現實生活，但是繁華的現實並沒有干擾到自己，自己還像是一輪明月一樣的澄澈。就在這時，才能展現了生的悅樂和意義，所以叫「長嘯一聲天地秋」，而生命的展現都像潔靜的秋山一樣的純淨。

教師的一生奉獻給學校，是一輪明月呢？還是一個太陽？那不要緊，重要的是他要雲破月來，讓這些學生能在學校的園地裡「花弄影」；要教師能撥雲現月，佛光普照，春風化雨。教師若能體會到臨濟禪師所謂：

大道絕同，任向西東。
石火莫及，電光罔通。

教師的教育愛，心念一動，影響莘莘學子，啟發其心智，改變氣質，那不是石火光電所能及的。但教師的愛卻是從恬淡悅樂中孕育出來的。

我認為要孕育恬淡悅樂的襟懷，享受微妙的禪喜，須從以下幾個方面著手：

- 培養開朗積極的態度。
- 孕育有能力的教育愛。

●創造教學與生活的空間。

教師首先必須具備開朗的態度。教室裡的學生整天擾攘不停，耍寶、開玩笑、逗趣，層出不窮。從開朗積極去看，你會覺得他們活潑；從消極面去看，你會覺得他們頑皮搗亂。如果老師披著消極的眼光去看他們，在還沒有教會他們之前，自己就先受氣了。因此，教師要接受禪的指引，不要讓自己陷入悲觀的泥淖，要放開朗一些，這才能讓自性中的大日如來佛性（人人心中有個太陽）綻放出教學的活力。你必須對學生的好壞優劣看得分明，但千萬不要為學生的好壞動情緒，這就是禪門所謂：

無善無惡，

無是無非。

人只有不被善惡牽動時，才能看清它，並且作有效的回應。教師總應是平靜地看著學生，不被學生的好蒙蔽了你啟發他成長的機會；也不會因為他的頑皮，而令你氣急敗壞。所以《六祖壇經》上說：

邪正盡打卻，

菩提性宛然。

教師一定要學會「動腦而不動惱」的教學素養。這使老師不斷保持積極的態度，創造更多的啟發機會和教學方法。

教師處於千變萬化的教學情境之中，很容易因為突發事件而怒責學生。在心不平氣不和的情況下的責備，往往不能發生預期的效果。教師一定要保持開朗的性情，對於學生犯錯，要以平靜的心設法教導；即使訴諸處罰，也是依照班規校規，嚴而不苛，罰而不凌辱，這樣才能持之久遠，否則不但效果不彰，而且會損害自己的健康。

心理學研究告訴我們，過度的緊張和性急，會引起疾病，特別是心臟病。根據佛列曼和羅森曼（M. Friedman & R. H. Roseman）兩位醫師的研究，性急或隨便發脾氣的人罹患心臟病的比例特別高，在六十歲以前得心臟病的人，有百分之九十是屬於性急的人。

從禪的觀點來看，性急就是失去心理生活的空間，它使一個人無法發揮創意。當教師以急躁的個性進行教學時，不但缺乏循循善誘的耐性，而且幾乎無法使用自己的創意去啟發學生。許多認真教學的老師，就因為缺乏一份開朗與耐性，導致頻頻的責罰學生，而學生的成績卻進步不多。

一位老師要管理幾十個學生，各個學生的興趣、能力、個性、性向都不盡相同，把這樣一群小孩湊在一間教室裡，一旦有空，必然要鬧翻天。這種現象對某些老師而言，評語是「不自愛」；對另外一些老師而言，評語是「理所當然」。於是認為學生不自愛的教師，採取嚴管；而認為理所當然的老師，則鼓勵他們把功課學會，就安排團體的活動。引導學生主動學習，是積極的；嚴格管制學生則是消極的。時下許多老師喜歡派個學生當秘密警察，打小報告，好掌握秩序。這種做法也是消極的，它不但造成班上同學的不安，而且容易導致學生人際的衝突。

教師若能注意以開朗積極的態度從事教學，必然使班上活力增加，學生學習的氣氛也活潑起來。六祖慧能說：

清淨心體，
妙用恆沙。

有清淨的心智，就有無量無邊的妙用。我的長子念小學時，有一次，很高興的告訴我說：「我今天上研究組數學課時，解答了一個很難的數學題目，老師在今天放學前才告訴我說，我的作答是正確的，他想了兩個小時才想通。」我看著孩子得到鼓舞的喜悅，更感激鄧漢華老師巧妙的教導語言和愛心。這樣開闊的教學，不只學生樂了，老師樂了，家長也都分享到那高妙智慧的禪喜。

其次是有能力的愛所產生的禪喜。這是一種「覺・有情」所綻放出來的悅樂。人類的情感如果沒有透過清醒的覺悟，情感可能成為盲目的罪惡。所以禪亦重視這份覺醒的情愛。禪門有一則公案，頗能表現這種有能力的愛。

佛光禪師有許多徒眾。有一天，甲弟子向禪師稟告說：生死事大，要了脫生死唯有念佛往生淨土，所以他想到靈岩那裡學念佛。禪師很歡喜的說：「很好，你去學淨土念佛法門回來，能讓此地佛聲不斷，我們的道場如蓮華世界。」

接著乙弟子稟告說：戒住則法住，佛門沒有比戒律再重要的。老師！我想到寶華山學戒堂學律去。佛光禪師仍然歡喜的說：

「很好！你學律回來，能讓我們道場大家都具三千威儀，八萬細行，真正成為一個六和僧團，真是太好了！」

才剛說完，丙弟子也頂禮說：老師，學道莫如能即身成就，弟子思前想後，非常想到西藏學密去。禪師淡淡一笑，答道：

「很好，密宗講究即身成佛，你學密回來，影響所及，我們這裡一定多人當身成就金剛不壞身。」

佛光答覆了三位弟子的請求後，座旁的侍者，很不以為然，就很不滿的說：

「老師！您是當今一代禪師，禪是當初佛陀留下以心印心的法門，成佛作祖，沒有比學道參禪更重要的事。他們應留下來，在您的座下與你學禪，以期直指人心、明心見性才對，您怎能鼓勵他們走呢？」

佛光禪師聽後，哈哈大笑說：

「我還有你啊！」

禪者的教法何等的慈悲，而慈悲之中又何等的開明有智慧。他們知道學生的根性不同，因緣不同，樂於成全每一位弟子的學習歷程。慈悲中有智慧，智慧中有慈悲，所以叫「悲智雙運」，在雙運中又透露著微妙的禪喜。

悲智雙運的教育愛，使師生之間的互動充滿悅樂的氣氛。悲智的教育愛，如果借用心理學家弗洛姆（Erich Fromm）的分析，教育愛至少包含以下幾個要素：

- 教育愛的本質是給予或布施，而不是佔有或享有；給予是有能力的愛，能促進學生成長；佔有或享有的愛只是慾望。
- 教育愛的首要因素是關懷；當我們能設身處地關注學生的成長時，愛心才真正的展現。
- 愛不是心想的問題，也不是只有關心就完成的，愛必須付諸行動，伸出援手，去促進學生的成長，幫助他們解決難題，輔導其生活適應。
- 尊重學生，根據學生的興趣、性向、能力、需要予以協助，幫助他自我實現。
- 要透過豐富知識，以及好的感受能力去了解學生；教師是在了解學生後，才善用教育學、心理學等各方面的知識去啟發學生。

具備以上素質的愛是有能力的，是「悲智雙運」的。它不但能引導學生自我實現，也能啟發其身心之發展。學生的學習活動將會是積極的、主動的、有樂趣的。

當然，有能力的教育愛使老師感到悅樂；教師總是在失去創意、對學生不知所措時，感到沮喪或憤怒。通常老師對學生頑皮不聽話而反應出憤怒情緒時，也正是他失去創造智慧、不能以有效而具建設性的方法回應的時候。因此，教師應該經常閱讀或研討如何處理教學上所發生的問題，特別是具有建設性和有啟發性的教學設計。這能幫助教師運教學於掌上。

其三，創造教學與生活的空間，也是孕育悅樂的重要一環。在禪者的眼裡，空即是萬物的生機。人類的生存需要空間，我們稱它為生存空間；智慧的開展，必先剷除思考上的障礙，騰出思想的空間。禪所謂的空，一方面可用文法上的動詞來了解，它的意義是放下或剷除；人必須把污濁的穢物去除，才能生活在清淨的環境；把邪惡的習慣改正，身心才會健康，德行才會日日增長。教師如果不把過去陳舊的觀念打破，就不可能精進的學習新知。

教師如果能保持謙沖或空的工夫，就能不斷的學習新知，心智也就寬廣，見識自然開闊，處理教學上的問題，容易得心應手，這就是空的大用。《六祖壇經》上說：

除去執心，

通達無礙。

教師對學生沒有好的或壞的成見，師生之間的溝通才沒有障礙。有些老師一進教室，看到學生亂哄哄的，劈頭一句話是「××，是不是你又在搗蛋了！」像這樣的成見，無論老師的猜測是否正確，對於那位學生都將造成嚴重的傷害。相對的，教師自己也是氣憤的，因為他總認為這個學生沒藥可救，而造成嚴重的厭惡和挫折感。

空的另一個涵義，可以從文法上的名詞來解釋。它是一種沒有激奮、沒有成見、偏見和刻板思想的狀態。空表示心靈的安靜與清淨。在這狀態下，教師可真正享受燕居之妙，可享受申申如也、夭夭如也之情懷，這是一種不受煩惱干擾的悅樂狀態。六祖慧能說：

世人妙性本空。

當你能放下萬緣時，必然可享受到一種輕安與高妙，它不屬於激情和歡樂，更不是興奮的娛樂，而是一種恬靜之樂。

教師與學生之間能保持彼此互動的空間，教師的情感才得以交流，心意才能溝通，彼此的互信才建立起來，這時思想上的啟發、人格上的陶冶、情趣上的培養、情感的悅樂才真正出現。

教師若能在日常生活中培養禪喜，不但對教學產生正面的效果，對自己的身心健康幫助也大。我由衷的建議教師，要注意培養開朗的積極態度，時時培養自己有能力的慈悲心，並培養空的生活藝術與智慧。

休閒怡情的禪趣

教師的工作是辛苦的，一天留校七個小時，班上的學生無論在學業上、生活上、心理適應上，都需要教師指導。其責任之重，實在值得我們崇敬。教師如同一般人一樣，需要休閒活動。就心理學的觀點來看，休閒具有紓解辛勞、悅樂、優雅和再創造的意味，它富有提升精神生活水準和心智成長的效果。

禪家對工作與休閒的態度是一元的，禪者把工作當做是一種生命的展現，一種悅樂，所以在工作中享有悅樂。他們強調苦行的工作和生活，卻又甘之如飴。這一點是值得現代人重視的。現代人普遍把工作視為一種負擔，視為謀生的手段，而心理上卻又急於逃避工作的負擔與痛苦。結果工作成為生活上的重負，汲汲於完成或獲得報酬時尋找娛樂，而消遣本身又是一種時間的消耗，一種激情的刺激和麻醉。因此，人總是在心靈上不悅樂的時候，才急於尋找消遣。

禪者把工作當成一種實現生活的悅樂。這從唐朝黃檗與臨濟兩位禪師的對話中看得出來。

有一天臨濟在田裡工作，黃檗也到田裡來。臨濟手拄著鋤頭，目迎著老師，一句話也沒有說。黃檗望著緘默的弟子說：

「我看這傢伙大概累了。」

臨濟回答說：

「老師，我連鋤一下都沒有，怎麼會累呢？」

這時，黃檗舉起禪棒對臨濟打了過去（禪師對弟子揮棒有時是警語，有時是肯定的，有時是否定的）。

臨濟及時接住棒子，往回一送，老師卻跌了一跤。

在旁的侍僧連忙扶起老師，口裡責備著臨濟的不是，孰料老師站立起來，卻教訓了侍僧。這時，臨濟繼續的工作，並說：

「他方火葬，我這裡活埋。」

臨濟把工作與休閒的對立活埋了，把與生活疏離的勉強活埋了，也把為著貪婪和虛假的強迫性工作活埋了。現在剩下的正是篤篤當當的生活與工作。

教師是要把教學當做一種生命的展現。這展現固然需要力氣，需要承擔，但是他是悅樂的。孔子這位偉大的教育家所表現的正是他所說的「學不厭，教不倦」，現代教師，也應具備這種襟懷。

我認為人若為著貪婪和佔有而工作，他的工作就會變得艱辛；如果為著愛和布施，為著服務，為著實現生命之崇高意義，那就不會是一種辛苦。

當然，我們不可能只有工作而沒有休閒，因為人的體力、心力和知識能力都有時而窮。因此，休閒正是恢復活力、再創造和增進悅樂的最好方法。禪者也有休閒，他們在散步中休閒，在行腳參訪中休閒，在彼此逗趣中休閒，在相互切磋中休閒，在師生歡聚中休閒。

禪法是「一切現成的」。禪家認為吃飯睡覺都是休閒，而休閒也是生命的展現，所以說：「處處是道。」誠如大珠禪師所說，許多人是不懂得生活之道的，因為他們吃飯時不好好的吃，卻百般挑剔，睡覺時不好好睡覺，卻千般計較。人一旦學會挑剔批評，生活即刻變得乏味浮躁。

休閒的悅樂，決定於一個人的態度，如果以欣賞的角度去郊遊，自然處處喜悅；如果是用尋找快樂的態度去郊遊，那麼敗興而歸的可能性就很高了。休閒必先讓自己的急躁之氣放下來，拋開工作，放下萬緣，好好去欣賞音樂，去作一趟旅行，去看一位朋友。

人可以在日常生活中發現許多情趣，你可以學習園藝、插花、棋藝、歌詠等等，在這些塵事中，你很容易品味到絕妙的禪喜。內子喜歡花，所以學插花，一盆花插好了，即現生意盎然，給家裡帶來無限的樂趣。我們一面欣賞，一面觀玩，眼下似乎有著無限的景致；在我們的眼裡，真有賞識著山河萬朵之妙。我很喜歡把內子淘汰下來的舊花，加以整理修剪，重新插蒔起來，驟然枯萎的花再現生機，它給我們一種一念萬千的悅樂。

沏茶是悅樂的，歌唱是悅樂的，聊天逗趣也是悅樂的。只要你能放下一切塵緣，點點滴滴都足以令人賞心悅目的。

教師除了上述的休閒之外，最得天獨厚的就是帶著學生郊遊或參觀旅行，甚至安排一些戶外活動或田野調查研究。這使學習與休閒完全的融合，在教學上有特殊的效果。《論語》中記載曾皙的一段話說：「暮春者，春服既成，冠者五六人，童子六七人，浴乎沂，風乎舞雩，詠而歸。」教師若能把握這種情趣與精神，在閒暇假日，安排休閒式教學，學生和教師的生活情趣和互動關係，就會變得活潑親切。

禪家認為工作是實現，放下工作也是實現；工作時是承擔，放下時是休閒。人必須有一分醒覺，才能回歸到生活與工作之中，享受到見性之樂。誠如唐朝的禪者陳道婆，當他看到樵夫們每天忙忙碌碌上山砍柴，生活成為沉重的負擔，絲毫享受不到悅樂，於是他說：

高坡平頂上，盡是採樵翁。
人人各懷刀斧意，未見山花映水紅。

教師每天要留校七小時，每週要上十幾二十個小時的課，批作業，改考卷，很像高坡平頂的採樵翁，忙得很。但是，忙中確實也有許多值得你悅樂的事，當你走入學生群裡，看到他們的活潑與歡顏，你也會驟然年輕起來，快樂起來。而關鍵就在於你必須關懷他們，分享他們的喜悅和生活情趣。

最後，我要從禪家所謂「菩提日日長」的觀點來看休閒。一般人以為休閒是指休息、運動和玩樂。事實上，休閒包括參與社會活動，人際的聯誼，以及學習。三者之中以學習對現代人而言最為重要。

現代社會變遷迅速，個人需要不斷的學習，各領域的新知層出不窮，如果有一段時間不進修，很快會跟不上時代。專家們指出，學術和知識也有半衰期。所謂半衰期是指它的實用性衰退到一半。有些人認為法律的半衰期是二十年，醫學的半衰期是十年。所以，一個人必須兢兢業業的努力學習新知。而休閒時的學習，可以增強一個人的社會適應能力，保持跟得上時代潮流的喜悅。

如果一個老師一離開學校，除了教科書之外，沒有從休閒中開闢學習的管道，五年到十年之間就失去其大學畢業的水平或優勢。利用休閒學習，可以令你保持青春活躍，不時接觸新知，是悅樂的來源。依我的觀察，多數老年人所以變得沮喪和徬徨，正因為他們沒有繼續學習的結果。如果你想保持悅樂，一定要經常抽空學習。

教師如果能夠每天抽出三十分鐘紮紮實實的念書進修，一年三百六十五天就有了一八二小時；你仔細算算，每週上班六天，平均每天真正「工作」的時間約五小時；加以換算，一八二小時相當於三十六天。也就是說，你比別人多用功了一個月零六天。如果你真能利用休閒學習，它將帶給你更多的豐足感和悅樂。禪家認為精進能生禪喜，故云：

當勤精進。

許多人以為精進是一種工作負擔，一種勉強的毅力，而禪門卻認為在精進中可以綻放著無限的悅樂。

禪定的妙悅

對教師而言，禪定是很重要的。禪定所指的並不是只有坐禪，另一方面還包涵了心理的平靜訓練及自我控制的習慣。教師如果很容易受暗示，那麼任何誘因，都會影響到他的生活和教學態度。特別是容易激怒的老師，往往會失去許多教導和啟發學生的機會。

激動性格的老師，在教學團體中容易產生人際摩擦，對協同合作教學亦有困難；有時甚至把自己的激情發洩在學生身上。在學校行政上，最令校長苦惱的教師是容易激動、情緒不穩定、不能心平氣和跟別人溝通的人。當然，教師也是凡人，克服不了生氣的時候，但若性情浮躁，容易激怒，那就要自我檢討了。因為這樣一方面有損自己的健康，破壞其悅樂的精神生活，另一方面會影響教學，造成負面的教育效果。

禪定不是口頭說的，更不是學術上的觀念，它是一種劍及履及的實踐智慧。因此，如果你想學習禪定，就得徹底的戒除自己的壞脾氣，要培養忍耐和寬容，要把自我中心的態度摒棄，同時要避免急躁的處世態度。其最好的方法就是學習坐禪。

坐禪是訓練自己保持禪定的主要方法。綜合心理學上的研究發現，坐禪的主要益處包括：

- 禪定確能引起生理的變化。例如能產生 α 腦波，它是入定的腦波，它的出現使我們產生淨定的感受。
- 禪定能影響代謝作用，減低代謝率，使身體所需之消耗能量減少。

●它幫助我們從無明和成見中解脫出來，從而獲得較多心靈上的自由和悅樂。
●它能促進身心健康，並保持心理的醒覺。

一九七〇年，拉斯（Terry V. Lesh）曾經對輔導人員作過為期四週禪坐訓練的實驗，主要的發現是輔導人員的同理心增加，對於生活中自我實現的體驗也提高。坐禪是很值得推展的一種休閒活動。它不但有助於身心健康，改變自己的習氣，更有助於教學活動之展現。

禪定是修禪的基礎，那麼禪定或坐禪又是什麼呢？依心理學的角度看，它是一種運動，是包含動、靜兩種形式的運動。它既是心理的又是生理的；它就像道家的太極圖一樣，動靜身心合一，動中有靜，靜中有動，心理帶動生理，生理帶動心理，而成為一個圓。現在我們從禪定的實踐過程中，來了解其心理學的意義。

坐禪的方法不外乎調身、調息、調心三個要素。就順序而言，需先從調身做起，次而調息，再次而調心。以下根據個人體驗，綜合各家說法，盡量避免玄奧的名詞，而做通俗性解析，說明坐禪的身心反應，對於初學者而言亦可依序體會，從中玩味。

調身

一個習禪定的人，平時應常常運動，如慢跑、打太極拳、八段錦、作體操等。做運動有幾個要點：

1.運動的方式須配合自己的體力。

2.必須專注的做。

3.喜悅而興致勃勃的做。

4.持之有恆。

每日早晚各一次。伏案勞神者，應在上下午各抽出十分鐘做運動。運動可使血液中的化學變化平衡，使精神愉快、神經鬆弛，它促進一個人靜醒，也減少心理的緊張和焦慮。

坐禪前後，均需做適量的運動，並注意按摩全身各部位。坐禪前先運動後按摩，以期身心輕安，血液循環正常，開靜之後，先按摩後起身，再做運動。按摩時應以兩掌搓熱，先輕輕按摩雙眼，依次以雙掌按摩面部、額部、後頸、雙肩、兩臂、手背、胸部、腹部、背部、腰部，再至右大腿、膝蓋、小腿，再至左大腿、膝蓋、小腿。

坐禪並不限定時間，惟在飯後一小時內不宜坐禪（練習坐禪的人食不宜過飽）。一般人因工作繁忙，可選擇早晚練習，時間隨自己的適應能力由短而長，短則三、五分鐘，長則一小時乃至數小時或數日，一切隨緣，不宜勉強，而影響身心健康。

坐禪的姿勢，通常以七支坐法為通用原則：

1. **雙足跏趺**：學者坐於約兩尺正方棉墊上，墊子後段約比前段高六公分（可依自己需要酌予增減），坐定後以左腿在下右腳置於左大腿上，再將左腳置於右大腿上，反之亦可，稱為全跏趺坐，亦稱雙盤坐。不能雙盤者，可採單盤，即將右腳置於左腿上，左腿置於右腿下，反之亦可，即半跏趺坐。如單盤仍有困難，可採交腳坐，即把兩小腿交叉向下面盤。如以上各種坐姿均有困難，則採正襟危坐，即坐於與膝同高的椅子上，兩腳掌平放於地，兩小腿垂直，兩膝間容一拳距離。以上各種坐法，背均不宜倚靠任何東西。
2. **背脊豎直**：頭頂天垂直，收下顎，如一座巨鐘。
3. **結手印**：右手背放在左手掌心，輕擱在兩小腿上，貼近小腹，如正襟危坐，可置於兩大腿上。

4. 放鬆兩肩：面部肌肉亦隨放鬆，任其自然。

5. 舌尖微抵上顎：若有口水緩慢嚥下。

6. 閉口而用鼻息。

7. 眼自然微張：投視於身前二、三尺處。對於初習禪坐的人，兩眼宜閉，免於妄念，對於老修者則宜開，免於昏沉。

調身最重要的原則是安適，因此環境宜安靜、空氣流通但避免風直吹，光線柔和不宜太亮或太暗，太亮容易分心，太暗容易昏沉；此外要注意身心放鬆，衣著寬鬆，兩膝應包裹暖和。

調息

在坐禪的功課中，最值得我們注意的是呼吸，亦即調息，它是我們進行禪的內臟學習的第一步。呼吸的方式大別可分為四種：「風」係激烈運動後的呼吸，此類呼吸不宜坐禪；「喘」係恐懼、緊張、病痛或情緒低落時的呼吸，也不宜打坐，應休息舒暢後再行打坐；「氣」為普通人之呼吸，每分鐘約十六至十八次，可聽到自己呼吸聲音，這是坐禪的基本要求，坐禪後由氣而調和為「息」。

調息有數息和隨息想兩種方法：

1. 數息：在禪坐前，應先做幾次深呼吸；將兩手敷於小腹，先用鼻吸一口氣，引入小腹，使小腹隆起，再收小腹，繼續吸氣，使肺部隆起，舒展胸肌，閉氣十秒，再由口把氣慢慢吐出。如是三次深呼吸後，依自己適當之坐姿坐妥，開始數息；每呼吸一次數一，從一數到十，數完後再從一數到十，不斷繼續下去。數息的目的是克服雜念，也是說如果能從一數到十，都能保持沒有雜念妄想，便是成就了一個單元。若能一個單元接著另一個單元成就下去，便能入於定淨。數息時可以順著數，如一、二、三……十，亦可倒過來數，如十、九、八……一，亦可隔著數，如二、四、六……二十，各種不同數法，是供數久了發生習慣而失去專注時變換使用。

2. 隨息：當數息一段時間，雜念妄想漸漸消除，便改將注意放在呼吸的出入上（隨鼻息），心念似乎就繫在呼吸的進出往來之間。久之，連呼吸也忘了，進入清淨忘我的安適。另一種隨息方法稱做隨息想，每吸一口氣，即想吸進的是清淨之水（水觀）或空氣，遍通體內，呼氣時則將濁穢排於身外，久之亦易入淨，這兩種隨息，可以自由使用。此外，禪家亦言「守息則定」，即調和鼻息，使其無聲響結滯，不粗重虛浮，單覺出入之息，細密綿綿，若有若無，神情因而安定，漸趨定境。

調息為何會使人入定呢？這可以從生理學的角度加以解釋，所謂調息就是調理呼吸。當一個人坐下來，專注於呼吸，尤其在腹式呼吸時，腹肌隨之產生一收一放的張力，它的部位正是傳統所謂的丹田。根據日本關田一月的研究，這個呼吸肌的有規律運動，刺激了大腦的清醒中樞，而使一個人進入清醒狀況，不再陷於昏沉，同時對妄想作相當的抑制。

因此，從學習理論看，如果我們配合「數息」或「隨息」的操作活動，就很容易把數息和隨息兩種「操作刺激」和清醒發生制約而聯結起來，練習久了，這個聯結自然牢固，以後只要坐下來數息或隨息，就即刻能產生清淨安定的心理狀態，這種清淨和安定就是佛家所謂的「三昧」。而三昧的體味，由淺而深，配合調心，長期練習，便可及於無相三昧的自在優游。為了達到上述的學習效果，吸氣時必須膨脹小腹，而呼氣時則收縮小腹，這便是腹式呼吸。

調心

調心是坐禪三要素中最重要的部分，我們可說調身和調息都是為調心做準備的。佛法的基本觀念是萬法唯心。當一個人心裡平靜安定，自然一切篤當貼切；心裡浮動不安，必然妄念焦躁，因此調心是禪定功課中最主要的一環。心與行為是相呼應的，要調心就必須調整自己的日常行為作息，使生活正常有規律，行善布施、寬容博雅，戒殺（戒除殘暴）、戒盜（戒除偷盜和貪心）、戒淫（戒除不正常的淫慾）、戒妄語（戒除情緒衝動的說話）、戒酒（不以酗酒來麻醉自己），這是佛法中對在家人修習坐禪的基本要求，因為只有這樣，貪、嗔、癡三毒才不致闖入心中，心理才會平靜。

其次是坐禪時的調心，它透過觀想（即冥思）的方法來達到禪定。就心理學的觀點看，心理的不安和清靜均源自過去的經驗，它是透過各種感官及意識思想而存在（即透過眼、耳、鼻、舌、身、意六根而產生）。換言之，心理所陳現的妄想或清淨均與自己過去感官和意識經驗有關。因此，如果我們能引發儲存在腦子裡清心安適的經驗來取代浮躁不安的經驗，便能把自己帶入淨定的世界，這在心理學上也是一種「交替制約」的作用，它可以從學習中獲得。但問題在於每個人的內在經驗不同，必須先找出過去曾導致他獲得淨定感受的單純經驗，才能引發一種清淨感來代替現在浮躁不安的妄念。

也正因如此，必須經過一番內省，才能找出引領自己走入寧靜世界的觀想對象，有時甚至需要有經驗的禪師給予幫助，由於每個人的經驗不同，因此觀想的對象也就不同。茲將觀想的類別歸納如次：

1. 從眼根觀者，觀莊嚴的佛像、觀落日、觀水、觀樹等等。
2. 從耳根觀者，如觀一個輕恬的聲音「無」、「哼」、「樸」或其他音符如風聲、念佛聲等。
3. 從鼻根觀者，如數息與隨息想。
4. 從舌根觀者，如以舌抵上顎，心繫該處。
5. 從身根觀者，如觀眉心、鼻端、腳心、丹田。
6. 從識根觀者，如參公案、參話頭（例如參「念佛的是誰」，而觀照在「誰」上）或者把自己觀想成地、水、風、火。

觀想是不能抄襲的，某甲觀落日或觀水可以入定，但卻可能使某乙煩躁，那是因為過去經驗不同（因緣不同）的緣故。因此，有些人可以從參禪入定，有些人則必須選擇念佛入定，有些人從觀音入定，有些人則必須以觀佛像入定。每個人心理生活背景不同，協助他入定的方式不同，這在《楞嚴經》、《觀音圓通章》中說得很清楚。

固然導引每個人清淨安定的觀想不同，但就心理學上看，選擇觀想的對象，仍有可資遵循的原則，茲扼要說明如下：

1. 觀想的對象必須是單純、恬淡、輕鬆、安祥。
2. 觀想的對象必須能引起自己身心鬆弛。如果觀想的結果反而引起緊張或妄想，應即放棄，另行選擇適合自己的觀想對象。
3. 觀想時只繫念於一處，守住一根，一根清靜安定，其他五根亦隨之安定。

以上所述調身、調息和調心無非是引發一種身心的安適，用它來和內心不斷浮現的妄想和焦慮反應，產生競合反應（competing response），以淨定代替浮躁，以恬適代替不安。

坐禪不宜急切，一開始只坐五分鐘，漸漸增加到十分鐘、二十分鐘，若能每天持之有恆很自然地禪坐三十分鐘，個中三昧（清淨的禪悅）自然領略。坐禪不在於比賽誰坐得久，重要的是要坐得正確，坐得好，坐得清淨輕鬆，才能享受到那分法喜。

結語 對生命的敬重

教育應該建立在對生命的敬重、了解和終極關懷上。每一個人的天賦不同、環境各異，但卻有一個共同的使命：認識生命的意義，接納自己，然後悅樂地展現他的人生，並負起責任。

展現自己是一件悅樂而有意義的事，否定自己摹仿別人便是一種嚴重的壓抑，它會令人瘋狂。就教師而言，教學就是他生命的展現。對父母而言，花心血去教育子女也是生命繁衍的使命。人一旦扮演了教導的角色，而不能展現那個角色的功能，就會產生疏離和自我否定，同時也會造成下一代心智成長的障礙。因此，教育這件事情，關係著教導者自己的生命意義，也牽繫著學生與整個社會的脈動。

教導者的教育活動，脫離不了社會文化和歷史繁衍的因果鏈。今天你所教的正是明天你自己要受的。今天所作所為就成為明日自己生命現象的一部分。我深信教師職責之重大。當然，各行各業的每一個個人，也都一樣。

科學證驗不了生命的永恆性，使許多人懷疑生命就是那麼的無奈與虛無。但你也要認識到，除了科學外，我們還活在哲學、宗教和對自己的期許與希望之中。因此，我們需要用禪的清醒慧眼，在既有的科學、人文與宗教之上，去省思生命的終極意義和教育的理念。我認為禪學不在於提供一個令大家一同遵行的哲理，也不是要告訴你信仰什麼、做些什麼，而是要你去關心生命的終究圓滿之道：清醒與慈悲。

我曾應邀參加由華視、天下文化出版公司和遠見雜誌社合辦「科學與人文的夜話」節目，主題是「生命的繁複多樣」，由周成功教授和我一同主講。這次演講會把講者與聽眾一同帶入對生命的敬重與終極關懷，這是很難得、很令人感動的心靈之旅，有多位聽眾朋友和我站在華視門廊，為此交談到深夜。

與談者之中有大學生，有社會青年，有從事諮商工作者。我們的話題還是圍繞在對生命的敬重與心智的開展上。這次會外交談，似乎有一個默契一般的結論：人只有透過醒覺和慈悲之心才能把握生命的意義，才能看出生命的希望，才能使自己得到心智的開展與肯定。

交談之中，有一位朋友提及現代教育的缺點說，今天在教育上非常忽略生命的認識與啟發。我們的教育幾乎偏離這個最重要的課題，以致許多人生活在迷失、心理困擾與掙扎之中。這位朋友的指陳，一直繚繞著我對教育的思考。

我認為教育一定要建立在智慧與愛的信念上。也許這就是佛典上所說的「悲智雙運」修行法門。我覺得要讓現代人接受這個道德律一般的信念似乎很難，因為我們已學會一種思考上的刻板習慣：沒有科學作背景的東西是不能接受的。於是，現在我想引用穆迪（Raymond A. Moody）對生命臨終的研究報告，給你在教育思考上作參考。我知道這篇報告有很多的限制，但他已經盡力而為。他的研究發現，可以做為一個頭腦清楚的人，思索生命意義的重要資料。

穆迪是美國的醫生，他在一九七五年出版一本書叫《來生》（*Life After Life*）。他蒐集訪問了一百五十個死而復生的個案，進行臨死經驗的研究。他發現人在死後，還有另一個「身體」存在與延續。在這本書中，他敘述普遍對死亡的經驗之一是：

「在我研究過死而復活的案例中，最難令人置信、而且對當事人影響最深的一個共同點，就是他們遇到一片強烈的光。一般說來，它剛出現時，朦朧暗淡，但很快就越來越亮，最後達到塵世間所無的燦爛強度。沒有人對那片光是個人形表示懷疑，而且那是一個很清楚的人。這形體對將死的人散發著愛與溫暖，非言語所能形容。他們感到全身籠罩、融合於其中。

「光之人形出現不久，就開始和當事人溝通心意。這是一種直接的溝通，是毫無阻礙的思想交流。和我談過話的人，都試著把那些思想歸納為：你準備好去死了嗎？你這一生做了什麼可以展示給我看？你這一生所作所為，自己覺得滿意嗎？光之形體為當事人展現其生平回顧的全景。

「這種回顧來得極快，每件往事立即出現，照塵世的時間觀念，只是心靈之眼一瞥即知的剎那而已。向我報告的人都同意，回顧的情景十分清晰生動。他們目擊展現的情景，似乎著重在做人的兩大要端：愛人和求知。

「從那些瀕臨死亡者的經驗中，似乎得到顯然一致的教訓。幾乎每個人都強調今世要培養一種極難得的深厚愛心去愛別人。有個見到光之形體的男子，甚至當他畢生往事呈現在那形體之前時，他仍然受到完全的愛寵與接納。他覺得那光的形體問他是否也能這樣去愛別人。他現在認為在有生之年，決以此為己任。

「此外，還有許多人強調尋求新知的重要性。在他們的經驗中，他們深深感到，甚至在去世之後，擷取知識仍繼續進行。有一位女士自從經歷死亡之後，就充分利用所能得到受教育的機會。另一位男子則建議：不論你多大年紀，千萬別停止學習。照我看，這是一直進行到永恆的過程。」

穆迪的研究報告是目前我們能知悉最接近死亡的經驗記錄。我們無需把這個資料作擴張的解釋，只把這個極為普遍的現象，當做人類臨終時的精神狀態。光是這樣一種認知，也應能引起我們對生命永恆存續的關注，對精神生活之豐足與成長的關懷，以及對行善與求知的樂意。

我深信人是自愛的，在體悟生死大事之時，才會提升到博愛的精神生活層面，展現著大乘佛法的胸襟——「無緣大慈，同體大悲」。這種民胞物與的襟懷，在儒、釋、道乃至基督的崇高教誡中是無分軒輊的。而這種人性之光輝正是生命之美與悅樂。

做為一個老師和父母，必須對生命的終極意義有所體認，然後才能擺脫塵世中的種種無謂紛擾和引誘，並知道自己該做些什麼。也只有能認識生命是永恆的，才會體驗到必須為自己和別人負責。如果每一位老師和父母能體驗到這一點，很自然的知道該教給孩子些什麼。